DU

PROGRÈS FINAL DE L'HOMME

PAR LA

SÉLECTION PHYSIQUE

PAR

ROLAND LE BRUN

Chevalier de la Légion d'Honneur

BORDEAUX
IMPRIMERIE NOUVELLE F. PECH & Cⁱᵉ
7 — Rue de la Merci — 7

1912

(Tous droits réservés)

MALOINE, éditeur, rue de l'École-de-Médecine, PARIS.

DU

PROGRÈS FINAL DE L'HOMME

PAR LA

SÉLECTION PHYSIQUE

PAR

Roland LE BRUN

Chevalier de la Légion d'Honneur

BORDEAUX
IMPRIMERIE NOUVELLE F. PECH & Cⁱᵉ
7 — Rue de la Merci — 7

1912

(Tous droits réservés)

AVANT-PROPOS

Dans la première partie de cet ouvrage, " **Causes intellectuelles et instinctives** ", on a recherché les causes cachées de nos actes, afin de les développer ou de les éliminer.

Dans la seconde, " **Pour le combat de la vie** ", et dans le même but, on s'est enquis des qualités qui font l'homme de valeur *(vir)*.

Dans la troisième enfin, " **Sélection physique de l'homme** ", on a recherché les moyens certains et pratiques qui pouvaient le rendre plus heureux et meilleur.

PREMIÈRE PARTIE

CAUSES

INTELLECTUELLES ET INSTINCTIVES

I

« Trop tard » : tel est l'éternel refrain de ceux qui ne réfléchissent pas.

* * *

Qu'est-ce que le fond de l'âme humaine ?
Tout.
Quelle importance lui accordons-nous ?
L'on n'y pense même pas.

* * *

Les souffrances de l'envie, de l'orgueil et de la vanité sont cuisantes.

C'est pour les soulager que l'on commet la plupart de ses fautes.

* * *

D'une part : il faut se méfier de soi.
D'autre part : il faut avoir confiance en soi.
Conclusion : avant d'être certain, il faut se méfier ; et quand on est sûr, on ne doit plus hésiter.

Pourquoi se connaître? — Pour mieux se diriger.

L'ironie a du bon.
Exemple : pour montrer la vérité sous un aspect mordant, qui la fait mieux sentir et mieux apprécier.

Un esprit libre est à un esprit domestiqué, ce qu'un aigle est à un poulet.
En effet : l'un plane à sa guise; et l'autre est fait pour servir, ou pour être mangé.

La réussite dépend de la connaissance de ses causes nécessaires.
En effet : quand elles sont connues, il suffit, pour réussir, de les appliquer.

* * *

Pour conduire les gens naïfs et suffisants, il faut leur suggérer ce que l'on désire.
De cette façon, en effet : ils croient être les auteurs de ce qu'on leur inspire.

La souffrance nous rappelle à la réalité.
En effet : elle rabat notre orgueil et notre vanité.

*
* *

Le point noir des démocraties est l'abandon ou les exigences des métiers pénibles (domestiques, agriculteurs, ouvriers, etc.).
En effet : cet abandon augmente le prix du nécessaire; et le nécessaire devrait être, pour tout le monde, au plus bas prix possible.

*
* *

Une femme est charmante, quand elle est habituellement aimable et réfléchie.
En effet : elle joint ainsi l'utile à l'agréable.

*
* *

« Il n'est pas donné à tout le monde d'être intelligent! »
Soit : raison de plus pour ceux qui ne le sont pas, d'écouter ceux qui le sont.

*
* *

Pour les naïfs, l'entêtement semble être une qualité.
En effet : il fait croire à l'énergie et à l'esprit de suite; tandis qu'il n'en est que le travestissement.

On est heureux d'être soi.

Donc : en donnant de l'initiative à de bons subordonnés, on en fait des auxiliaires heureux et dévoués.

**
* *

Les plus vilains défauts ne sont pas toujours ceux dont on s'accuse.

Exemple : la fausseté, la bassesse, l'hypocrisie.

En effet : ils ne figurent pas sur la liste des péchés.

**
* *

On manque de jugement, quand on sacrifie : l'ensemble au détail, l'avenir au présent, et ce qu'il faut à ce qui plaît.

En effet : cela prouve que l'on ne comprend pas son plus grand intérêt.

**
* *

Jadis on prolongeait sa vie, en vivant celle des siens et celle de son pays.

Maintenant, en ne vivant que pour soi, on la réduit à sa courte existence.

La franchise est le plus court chemin d'un esprit à un autre.

En effet : elle dissipe les incertitudes qui existent entre eux.

*
* *

La meilleure existence se trouve dans une indépendance active et productive.

En effet : c'est là seulement où nos facultés se développent à leur aise.

Exemple : la juste récompense de nos libres efforts.

*
* *

De la Raison authentique.

La raison *authentique* est la résultante, la cristallisation de nos connaissances et de nos sensations exactes.

L'expérience en est une variété.

Conclusion : un esprit clair, actif et impartial, nous donne la raison.

Corollaire : le manque de raison est proportionnel à l'absence desdites facultés.

Les enfants terribles sont plus à craindre quand ils sont grands que quand ils sont petits.

En effet : il y a moins d'espoir de les corriger.

Exemple : les gens puérils et entêtés.

*
* *

Un véritable homme *(vir)* et une femme autoritaire ne peuvent guère s'entendre.

En effet : leurs rivalités engendrent la maussaderie.

*
* *

L'aplomb et l'entêtement ne manquent pas aux esprits naïfs et paresseux.

En effet : ils se cramponnent à leurs idées, pour ne pas les changer.

*
* *

Chacun résout les questions philosophiques, d'après son expérience de la vie et sa mentalité.

Conclusion : pour connaître la valeur intrinsèque des gens, il suffit de leur en poser.

Corollaire : en posant une même question philosophique à plusieurs individus, on se rend compte des contrastes intellectuels qui existent entre les hommes.

Les rhéteurs et les sophistes politiques sont des gens bons à pendre.

En effet, ils font du mal sciemment à tout le monde, pour en profiter.

*
* *

Nous nous moquons des qualités que nous ne comprenons pas.

Exemple : pour les impulsifs, la réflexion est de la lourdeur d'esprit.

*
* *

L'idée de se perdre dans l'immensité, n'est pas désagréable.

En effet : elle laisse l'impression de la grandeur et du repos.

*
* *

Une bonté automatique et sotte est pénible à voir.

En effet : on voudrait l'aimer, et sa naïveté ne le permet pas.

*
* *

Le jugement est fait de justesse, d'impartialité et de clarté d'esprit.

En effet : il doit être exempt de tout compromis.

Le bonheur de vivre est un heureux équilibre, entre la vie intellectuelle et la vie animale.

Exemple : entre le bien-être physique et les jouissances du cœur et de l'esprit.

*
* *

Il est inutile de raisonner avec des gens orgueilleux ou trop pleins d'eux-mêmes.

En effet : ils ne savent qu'imiter les dindons.

*
* *

Pour être un véritable homme *(vir)*, il faut être soi, penser par soi, agir par soi, et non pas par les autres.

En effet : les conditions des autres ne sont pas les nôtres.

*
* *

On ne peut pas estimer le manque de jugement.
Avec lui, en effet, on flotte à la dérive.

*
* *

Une nature trop rigide manque d'élan et de vie.
En effet : comme la pierre, elle est froide et dure.

La base du moral est la faculté de penser.

Viennent ensuite : le besoin de voir, de savoir, de comparer et de conclure, etc., qui forcent à raisonner.

Conclusion : la valeur de l'esprit dépend de son activité, et de nos besoins physiologiques ou intellectuels.

* * *

Pour les gens vicieux, celui qui veut le bien est un gêneur ou un reproche vivant, et par suite un ennemi.

Conclusion : ils cherchent à l'évincer.

* * *

La profondeur d'esprit et la gravité ne déparent pas la passion.

En effet : elles font pressentir des émotions contenues.

* * *

Entre ceux qui voient l'ensemble des choses, et ceux qui ne le voient pas; entre ceux qui recherchent la cause des choses, et ceux qui ne le font pas, l'accord n'est guère possible.

En effet : les uns se crispent de ne pas comprendre, et les autres se crispent de ne pas être compris.

En affection : le manque d'expansion, la froideur, la raideur d'esprit sont des fautes.

En effet : ils empêchent la fusion des âmes.

* *
*

Des Défauts par omission.

Les défauts par omission sont plus à craindre que les autres.

En effet : ils sont moins apparents, et par suite plus perfides.

Exemple : omettre de se surveiller; omettre de se connaître et de faire ce qu'il faut.

L'ignorance funeste est l'omission du savoir.

Nos facultés déprimantes : la légèreté, la nonchalance d'esprit, la présomption, l'optimisme, nous empêchent d'y penser.

* *
*

Charmes à part, et en principe : l'apport du mari est l'expérience de la vie, le travail et la force.

L'apport de la femme, est le tact et l'ordre.

Conclusion : en principe, la femme doit à son mari.

L'entêtement n'exclut pas complètement le mérite.
Exemple : les ânes, et leurs qualités.

*
* *

Aux honneurs et aux richesses, les natures indépendantes préfèrent la liberté.
Exemple : elles préfèrent l'air pur des cimes, aux marais empestés et fertiles.

*
* *

Le charme des natures du Nord est fait de sérieux, de sentiments contenus et réfléchis, et de pensées délicates comme des cristaux de givre.
Exemple : du souci des prévenances, et des plaisirs intimes.

*
* *

L'amour du bien-être fait préférer ses aises à toutes choses.
Exemple : le porc à l'engrais.

*
* *

Le vulgaire ne goûte pas les esprits philosophiques.
En effet : il leur préfère ses fantaisies et sa paresse d'esprit.

On reconnaît les gens sans expérience et sans jugement à leurs conversations oiseuses.

En effet : s'ils possédaient ces qualités, ils sauraient que le temps c'est de l'argent, ou des capacités.

Chez les vaniteux, le qu'en dira-t-on obscurcit le bon sens.

En effet : il fait sacrifier la quiétude, au désir de paraître.

La souplesse peut être un ressort.

Exemples : une branche recourbée; la souplesse féminine.

On peut en imposer, et n'être qu'un sot.

Exemple : les gens intuitifs et décoratifs, dépourvus de jugement.

Fortifiez la conscience et le sens moral : car c'est d'eux que vient la droiture de nos pensées et de nos actes.

Pour ne pas s'ennuyer ensemble, il faut avoir dans l'esprit des ressources suffisantes.

Exemple : de l'esprit proprement dit; des pensées, ou des études communes.

Différemment, en effet, ce que l'on avait à se dire est vite épuisé.

Les lois divines et humaines prescrivent aux femmes d'être déférentes envers leurs maris.

Vu le malheur des temps, une simple entente suffirait à ceux-ci.

On aime ceux qui partagent nos émotions.

En effet : par réfléchissement, ils augmentent ce qui nous intéresse; et par compassion ou par sympathie, ils atténuent nos peines.

Il faut préparer longuement, et agir rapidement.

En effet : les affaires sont ainsi mûries et vite faites.

L'existence est un feu d'artifice, plus ou moins réussi.

En effet : après avoir projeté son éclat, elle tombe vite dans la nuit.

La chaleur fait éclore la vie.
Exemple : l'incubation; la germination.
Les lois de la pesanteur équilibrent ses forces.
Exemple : nos mouvements; la circulation du sang.
La nutrition entretient les organes.
Conclusion : la chaleur, la pesanteur et la nutrition, sont la base de la vie.

* * *

« Il ne faut demander à la vie que ce qu'elle peut donner. »
Exemple : un peu de ce qu'on mérite, et de tranquillité.

* * *

Avec la connaissance du cœur humain, tout devient facile.
En effet : il suffit dès lors, pour plaire, de se conformer à ses lois.

* * *

L'indifférence pour les défauts d'autrui, offre de grands avantages.
En effet : on se crée de la sorte des loisirs, ainsi que le moyen de n'en pas souffrir.

La crainte de la lutte est le commencement de la décadence.

En effet : elle paralyse notre esprit et nos muscles.

La gaieté naît de l'absence des besoins et des soucis.
C'est pourquoi elle s'en va.

La misanthropie nous délivre : de la perfidie des hommes, de leurs prétentions et de leur médiocrité.
C'est pourquoi elle repose.

On pourrait appeler la raison : la connaissance et l'application de ce qu'il faut dans la vie.

En effet : rien dans ce monde ne lui est supérieur.

En amour, l'esprit philosophique des intéressés est un gage de bonheur.

En effet : il implique la recherche constante du mieux et du vrai.

Chez l'homme et chez les animaux, l'instinct et certaines facultés immatérielles (mémoire, compréhension, conclusions, peur, courage, etc.) sont soudés aux nerfs de la même façon.

C'est cette soudure qui fait les êtres animés.

*
* *

Pour réussir dans une hiérarchie, il faut être du bois dont on fait les flûtes.

En effet : il faut y jouer les airs, justes ou faux, que les chefs désirent.

*
* *

Les sots laissent voir leur maussaderie; les gens d'esprit s'efforcent de la dissimuler.

En effet : l'on n'a pas intérêt à se faire mal juger.

*
* *

Un philosophe est un chercheur de causes, un observateur de faits, un explorateur d'idées.

*
* *

Le philosophe aime le silence par métier : mais aussi, parce qu'en général il est peu écouté.

La douceur bonne et naïve nous désarme. Il faut de l'énergie pour lui résister.

Exemple : quand elle demande l'inutile et l'agréable.

En effet : il nous répugne de lui faire de la peine.

*
* *

La nature est plus implacable que l'homme.

Par contre, elle n'a pas son astuce; et quand on connaît ses lois, on peut plus compter sur elle que sur lui.

*
* *

Dans la connaissance de soi-même, on opère sur des sensations immatérielles et obscures, qu'il faut évoquer.

Exemple : sur la vision de ses sentiments, de ses défauts et de ses qualités.

De là résultent sa fatigue et sa rareté.

*
* *

Toute manifestation extérieure est l'aboutissant de phénomènes internes.

Exemples : la fatuité est la résultante de l'orgueil et de la naïveté; — toute opinion fausse provient des manquements de l'esprit.

Conclusion : on peut connaître l'homme intime, en observant ce qu'il dit ou ce qu'il fait.

La nonchalance ou les dépressions de l'esprit affectent tout d'abord nos plus hautes facultés.

Exemple : le jugement, la réflexion, la connaissance de soi, l'empire sur soi.

En effet : ce sont celles qui demandent le plus d'effort moral.

***

Une femme charmante aime à plaire : elle a de la pénétration, de la délicatesse, du doigté; et quelquefois aussi, du cœur et de la bonté.

***

L'amabilité d'autrui dissipe notre maussaderie.
Tel le soleil dissipe les frimas.
En effet : l'on rougit d'être inférieur à autrui.

***

L'esprit philosophique critique tout : hormis ce qui doit être.

***

Qu'est-ce que l'intimité?
C'est l'échange des sensations et des sentiments; sinon leur combustion mutuelle.

L'amour banal ne convient pas aux esprits délicats.

En effet : il plaît à ceux-ci d'aimer et d'être aimés, pour ce que le vulgaire n'a pas.

Exemple : pour des sentiments affinés, pour la distinction physique et morale.

*
* *

L'amour demande à ne pas être glacé.

En effet : il a besoin de réciprocité.

L'impulsif n'obéit qu'à ses instincts.

En effet : il ne met ni expérience ni raison, entre ses actes et eux.

*
* *

Nos pensées sont inattaquables, quand elles reposent sur des faits.

En effet : les sophismes et les équivoques viennent se briser contre eux.

*
* *

C'est l'instinct de reproduction, qui fait la différence entre l'affection et l'amour.

En effet : en ajoutant cet instinct à l'affection, on obtient l'amour.

On est troublant, quand on est hanté par les malheurs profonds de l'humanité, ou par la pénétration des lois de la nature.

En effet : on éveille en nous les échos lointains ou obscurs de notre idéal et de notre destinée.

Exemple : Gœthe, le Dante, Beethoven.

Il ne manque pas de gens qui peuvent sympathiser : mais on n'en trouve que peu ou pas, qui sachent se donner.

Pour se donner, en effet : il faut savoir se dépouiller du « moi ».

Exemple : il faut savoir sacrifier ses tendances, aux justes satisfactions d'autrui.

La mélancolie raisonnée résulte :

De l'instabilité de toutes choses; du peu de valeur de la vie; et de la différence qui existe entre nos aspirations et la réalité.

L'utile doit passer après l'indispensable.

Exemple : nos aises ou nos habitudes intéressantes, doivent passer après le nécessaire.

Avec ses fantaisies, ses rêves, ses désirs et son imagination, l'esprit a trop de tendance à s'émanciper.

Conclusion : il faut le fortifier et le condenser.

Exemple : par l'empire sur soi, et par le sens pratique.

*
* *

L'amour est un reflet : du tempérament, du cœur et du genre d'esprit.

Conclusion : il y a autant de genres d'amours que d'individus.

*
* *

Pour les gens du Midi ou pour ceux des Tropiques, l'effort moral est une souffrance.

En effet : il faut qu'ils fassent violence à la fougue de leur esprit, ou à leur indolence.

*
* *

Les sots ne se gênent pas, pour démentir les gens d'esprit.

En effet : ils croient fortement le contraire de ce que ceux-ci pensent et disent.

Exemple : ils contredisent facilement l'exposé de réflexions profondes.

Ceux qui pensent par les autres sont des esprits infirmes.
En effet : au moral, il leur faut des béquilles.

* * *

La guerre sociale vient de l'envie et de la jalousie.
Pour les combattre : il faudrait prouver aux masses que l'on n'en peut pas vivre.

* * *

La mondanité s'en va.
En effet : elle exige des mœurs inutiles et oisives.
Exemple : des conversations oiseuses, et du temps perdu.

* * *

Pour les petits esprits, les petites choses sont grandes, et les grandes sont petites.
En effet : l'on ne juge les choses que d'après ses moyens.

* * *

La raison et l'instinct sont souvent en conflit.
En effet : plus la raison se développe, plus elle s'impose à l'instinct, et réciproquement.
Exemples : le plaisir contre le devoir; la réflexion contre l'impulsion.
Conclusion : plus on est près de l'instinct, plus on est près de la bête.

Pour le Méridional et pour les effervescents, vivre c'est s'agiter.

* * *

Les gens vains ou légers sont des outres gonflées, ou des ballons sans lest.
Conclusion : on ne doit s'en servir que pour s'en amuser.

* * *

Avec les sensitifs, avec les effervescents, avec les névrosés, l'existence est pénible.
En effet : vu l'instabilité de leur esprit, il n'est pas possible de compter sur eux.

* * *

La bonne volonté se brise inutilement, contre la légèreté et le manque de jugement.
Conclusion : il est pardonnable de les fuir.

* * *

Les esprits faibles ou présomptueux demandent des conseils, avec l'intention de ne pas s'en servir.
En effet : cela leur donne de l'importance, et cela les fait croire à leur indépendance.

Avec le nécessaire, avec la liberté, avec le contentement intime : le bien-être, pour être heureux, est déjà du luxe.

*
* *

En somme : l'espèce humaine n'est guère estimable, car ses défauts sont plus grands que ses qualités.
En effet : elle est trop égoïste, trop personnelle, et trop portée aux sophismes qui lui plaisent.

*
* *

Pour laisser de bons souvenirs, il faut faire ce que l'on doit.
Exemple : il faut être bon, pratique et dévoué.

*
* *

Les entêtements les plus tenaces sont ceux de la suffisance, de l'ignorance et de la naïveté.
En effet : ils se croient infaillibles.

*
* *

Comprendre les choses, est un côté précieux de l'intelligence; mais les agencer, les coordonner, les diriger en vue d'un but donné, en est un autre, de beaucoup supérieur.
En effet : le premier est automatique, et l'autre est directeur.

La naïveté et la clarté d'esprit s'impatientent mutuellement.

En effet : celle-ci voit ce que l'autre ne saisit pas.

Exemple : le dessous des choses, et des sentiments.

* * *

Une affection profonde et sérieuse ne se contente pas de phrases vagues et sonores.

En effet : en les comparant à ce qu'elle ressent, elle a vite compris ce qu'elles ont de faux.

* * *

Pour se plaire, il faut rivaliser mutuellement d'amabilité.

En effet : on s'en sait gré, et l'on est stimulé; de plus, l'amabilité augmente l'amitié.

* * *

On aime à faire vibrer chez les autres les sensations qui nous plaisent.

Exemple : en amour; en affection; dans les satisfactions de l'esprit.

En effet : comme dans un miroir, on s'y retrouve soi-même.

Les Méridionaux prennent pour de la faiblesse ou de l'ignorance, le calme qui observe, qui pèse et qui combine.

En effet : les investigations de l'esprit leur sont peu familières.

*
* *

L'amour concentré est naturellement plus compact et plus dense, que l'amour prodigué.

Conclusion : d'après les règles de la balistique, il a plus de portée et de pénétration.

*
* *

La solitude nous évite la peine de médire, de calomnier et de critiquer.

Elle évite aussi la réciprocité.

*
* *

Dieu nous préserve des anges acariâtres !

Exemple : des dévots mystiques et maussades.

En effet : les contrastes de leur nature sont par trop choquants.

*
* *

Il est plus difficile de bien penser que de bien parler.

En effet : il est facile de n'être qu'un simple perroquet.

Comme dans les basses-cours : il faut à un moment donné, importer des mâles chez certaines races pour les régénérer.

Exemples : les Romains pour les Gaulois; les Francs pour les Gallo-Romains.

La série est-elle close?

*
* *

Il ne faut pas juger l'homme sur sa spécialité.

Exemple : Murat, Masséna, Ney, étaient de grands hommes de guerre, et de petits esprits.

*
* *

Il est étrange que l'on se marie, en général, pour ne pas être seul; et que ce soit le tête-à-tête qui préoccupe le moins.

Exemple : le désir d'être ensemble, pour se compléter et pour en profiter.

*
* *

On devient physionomiste : en notant les manifestations extérieures de ses sentiments, et les mobiles qui les causent.

En effet : en constatant les mêmes effets chez les autres, on est en droit d'en déduire les mêmes causes.

Le bavardage et le bruit, sont le nec plus ultrà des Gaulois du Midi.

En effet : il les occupe sans penser.

*
* *

Entêtement veut dire persévérance, envers et contre tout.

Conclusion : la vraie intelligence n'est pas entêtée.

En effet : la vraie intelligence se règle sur les conditions et sur les circonstances.

*
* *

Les qualités de l'homme ne déparent pas une femme qui sait les assouplir et les embellir.

Exemple : le jugement, le sang-froid, la fermeté, l'esprit des affaires.

Par contre, la plupart des attributs de la femme ne rendent pas l'homme meilleur.

Exemple : sa coquetterie, ses peurs et sa faiblesse.

*
* *

Le langage des esprits philosophiques est empreint d'un sérieux, d'une vision du fond des choses, que celui des autres ne possède pas.

Exemple : il évoque la vision des causes; celle des problèmes de la vie et du cœur humain.

Pour les natures futiles, ce qui importe : c'est ce qui amuse, ce qui est joli ou ce qui plaît.
Le reste est de la fatigue, ou du superflu.

*
* *

La plus belle des bontés est celle qui raisonne.
En effet : elle donne à chacun ce qui lui est dû.

*
* *

Il ne suffit pas aux religions, de se renfermer dans leurs dogmes et dans leurs mystères.
Il faut encore qu'elles soient plus capables, plus fortes et plus pratiques que leurs adversaires.
Exemples : la Réforme et la Franc-Maçonnerie, contre le Catholicisme; l'esprit moderne, contre l'Islamisme.

*
* *

L'activité de l'esprit ne vaut pas sa justesse.
En effet : son activité peut s'exercer à faux.

*
* *

Pour monter ou pour vaincre, il faut avoir la passion du mieux.
Avec elle, en effet : notre force ascensionnelle ne s'arrête jamais.

En dernier ressort, nous sommes menés : par la raison et par le savoir, par la mémoire, par l'imagination et par les instincts.

La première manière est la plus longue et la plus fatigante, mais non la moins sûre et la moins fructueuse.

En effet : c'est celle d'un pilote capable et prudent.

La philosophie nous venge de la sottise humaine.
En effet : elle la constate, la regrette et la dédaigne.

L'esprit de contradiction et l'esprit personnel ne présagent rien de bon.

En effet : ils font craindre le manque de tact ou la partialité.

Pour se connaître à fond, il faut que l'esprit se dédouble; et que notre perspicacité nous considère comme un simple étranger.

En effet : on assurera ainsi son impartialité.

Les contrastes frappent, étonnent, et font réfléchir.
Conclusion : ils sont bons pour instruire.

Retenir une chose est plus facile et moins long, que d'en rechercher le pourquoi et le comment.

Conclusion : il est plus difficile de raisonner, que de se souvenir.

* *
*

Les natures positives sont peu sensibles aux charmes de l'idéal et de la délicatesse.

En effet : le côté visible et matériel des choses, les intéresse plus que leur beauté.

* *
*

Voir tous les détails d'une entreprise, c'est en connaître l'ensemble. Mais n'en voir que quelques-uns, c'est ignorer sa portée.

Exemple : quand on en ignore l'esprit, ou la philosophie.

* *
*

Dans l'orgueilleux il y a toujours du sot.

En effet : il ne comprend pas l'écart qui existe entre ses prétentions et sa capacité.

Il ignore aussi, le mérite de la modestie et de la simplicité.

La constatation de nos défauts n'est ni une insulte ni de l'ironie.

C'est, simplement, la vérité. — Pourquoi donc s'en froisser?

*
* *

Comme les orages sans pluie, les impulsifs tempêtent et fatiguent; mais ils n'aboutissent pas.

En effet : ils n'obéissent qu'à leurs instincts, ou à leurs suggestions.

Exemple : à l'attraction des plaisirs; à leur colère contre ce qui les fatigue.

*
* *

On peut regarder le danger sans reproches : quand on a mis pour soi, toutes les chances contre lui.

En effet : l'on ne pouvait pas mieux faire.

*
* *

Les jolies femmes se prennent pour des idoles : elles pensent qu'elles sont faites pour être adorées.

Conclusion : c'est de là que viennent leur morgue et leurs dédains.

Pourquoi l'idéal est-il un besoin?

Parce que le présent ennuie ou fatigue, et que l'on voudrait mieux.

Il est aussi le propre des natures d'élite.

*
* *

Les belles natures n'ont pas toujours le sort des belles fleurs.

En effet : vu les circonstances ou les passions ambiantes, un grand nombre d'entre elles ne peut pas s'épanouir.

Exemple : les beaux sentiments refoulés; les génies méconnus.

*
* *

Il faut de la religion, comme il faut de la vertu.

En effet : leur excès paralyse l'action.

*
* *

Les principales qualités du chef ne sont pas celles du subordonné.

En effet : les premières sont : l'initiative, l'à-propos, la prévoyance, la perspicacité.

Elles s'exercent surtout au dehors de soi.

Les secondes sont : l'obéissance, l'ordre, la ponctualité.

Elles sont rivées en soi.

On ne donne toute sa mesure qu'aux moments critiques.
Exemples :

Devant le danger : le coup d'œil, l'expérience, la bravoure, la grandeur d'âme, la couardise, n'ont plus de voiles.

Dans la maladie : l'idolâtrie du moi, la peur, se montrent nettement.

Devant la mort : les regrets, le degré de sang-froid, sont le reflet de la vie.

II

L'amour qui ne veille ni aux joies, ni aux peines intimes d'autrui, n'est pas de l'amour.

C'est de l'égoïsme travesti.

En effet : il pense surtout à soi.

L'amour romanesque ne vaut que l'éclat de la rose, que le papillon qui passe.

En effet : il n'a que de l'éclat sans solidité.

Comme l'ivresse, la colère excite et affaiblit.

Pour réussir, nos efforts utiles doivent être supérieurs aux efforts contraires.

Exemple : nos pensées et nos actes doivent être supérieurs à ceux de nos ennemis.

*
* *

Sacrifier nos goûts, nos instincts, à la force des choses : c'est naturel.

Mais, les sacrifier à la mode, aux préjugés, aux croyances *(errat qui putat)*, à la bêtise d'autrui... c'est de la naïveté.

Exemple : se sacrifier à l'égoïsme, ou à l'orgueil des autres.

*
* *

Dans l'éducation, il faut prouver que les ennuis et les difficultés à vaincre sont la règle, et non pas l'exception.

Dès lors, en effet : la lutte pour la vie paraîtrait naturelle.

*
* *

L'esprit philosophique est plus entreprenant, plus chercheur, moins béat, que l'esprit religieux.

Le premier est nécessaire pour vivre; et le second est bon pour bercer l'esprit.

En principe : qui dit progrès matériel, dit concurrence;
Qui dit concurrence, dit lutte à outrance;
Qui dit lutte à outrance, dit égoïsme et dureté.
Conclusion : le progrès matériel actuel endurcit les cœurs.

*
* *

Le savoir coupe les ailes de l'imagination.
Exemple : la science contre les mythes.
Par contre, il nous donne le calme des certitudes.

*
* *

La preuve que le surmenage est contraire à notre nature, c'est qu'il anémie le corps, et qu'il aigrit l'esprit.

*
* *

On ignore trop, aujourd'hui, que le bonheur se trouve dans la tranquillité, plutôt que dans l'envie.
En effet : l'envie énerve et n'assouvit pas.

*
* *

Les esprits positifs ont moins de brillant et moins d'envergure que les spiritualistes.
Par contre, ils sont plus pratiques et plus sûrs.

Des Utilitaires.

On les reconnaît à leur penchant :
Pour la force, pour le sérieux, pour ce qui a du poids;
Pour ce qui est naturel et vrai;
Pour la perfectibilité des hommes et des choses;
Pour ce qui est substantiel et profond;
   Et à leur dédain :
Pour le clinquant et pour le plaisir;
Pour le mysticisme, pour la quintessence des sentiments et des choses;
Pour la forme, pour la mode et pour le décor;
Pour les apparences et la virtuosité.

Le véritable amour a besoin d'estime.
Par suite, il exige des facultés sérieuses.
Exemple : du tact, de l'intelligence; et de l'empire sur soi.

Plus les idées sont profondes, plus il faut naturellement de peine pour les découvrir.
Exemple : pour découvrir la cause des choses et de ses sentiments.
De là vient leur rareté.

Divers Amours.

On distingue :
L'amour abandon, l'amour idylle.
C'est celui de la jeunesse.
L'amour tumultueux, l'amour passion.
C'est celui de l'âge mûr.
L'amour repos, qui est le dernier.
On les retrouve chez Louis XIV avec Mlle de la Vallière, Mmes de Montespan et de Maintenon.
La perfection consisterait à pouvoir les concilier.

**

La modestie et le savoir rendent la vie agréable.
En effet : ils reposent et apprennent.

**

Penser utilement, penser fortement, sont des satisfactions intenses.
En effet : le sentiment de notre valeur augmente en même temps.

**

La qualité des paroles vaut mieux que leur quantité.
En effet : c'est plus substantiel et moins étourdissant.

De l'Épouse.

Une femme doit soigner l'intelligence de son mari, comme un bon jardinier doit soigner ses fleurs.
Pour cela :
Elle sarclera les mauvaises herbes ambiantes.
Exemple : sa frivolité, qui étouffe l'esprit.

Elle développera ses facultés : en maintenant autour d'eux-mêmes la chaleur convenable.
Exemple : en développant leur intelligence, par des conversations intéressantes et sérieuses, et en collaborant à ses occupations.

Enfin, elle apaisera ses soucis et ses ennuis, avec une tendresse vigilante et dévouée.

La reconnaissance, l'attachement et la réussite, seront sa récompense.

**
* *

Quand on aime la conversation de quelqu'un, on l'aime ou on l'aimera.
En effet : la conversation est le trait d'union des âmes.

Pour bien connaître les hommes, il faut avoir ressenti : leurs abus de confiance et d'autorité, leur manque de désintéressement et de consistance, et enfin l'étroitesse d'esprit du plus grand nombre d'entre eux.

Exemple : il faut avoir souffert de leur orgueil, de leur égoïsme, de leurs haines inavouables, et de leurs partis pris.

***

Se complaire dans la musique des mots, dénote une nature peu pratique.

En effet : cela prouve que ce qui flatte, intéresse plus que ce qui profite.

***

Comme l'écume, les natures molles ou viles se laissent flotter à l'aventure, sur le courant qui les porte.

Exemple : elles sont conduites par la mode, ou les idées en vogue.

***

L'outrecuidance dédaigne la modestie : mais la modestie se divertit de l'outrecuidance.

En effet : l'outrecuidance prête à la moquerie.

A quoi donc se fier?

A l'expérience, à la force des choses; aux idées profondes, mûries et contrôlées.

*
* *

Dans la réalité, qu'est la beauté morale?

La gloire de l'humanité.

Et qu'est-elle dans l'instruction et dans l'éducation? — L'on ne s'en occupe même pas.

En effet : cela ne s'achète ni ne se vend.

*
* *

Le mot « amour » implique le dévouement, le sacrifice de soi.

Exemples : l'amour du pays; l'amour maternel; l'amour de Dieu.

Conclusion : il devrait bien en être de même, dans l'amour tout court.

*
* *

L'activité utile est parfois préférable, à une intelligence investigatrice.

Exemple : quand l'on n'est qu'un outil.

En effet : cette dernière fonction répugne aux esprits supérieurs.

L'amour de la Nature porte avec lui : les sensations du calme, de l'immuable, de l'immensité; les envolées de l'esprit et l'oubli des froissements humains.

Avec l'amour de Dieu, auquel il ressemble, il n'en est pas de plus vaste et de plus reposant.

*
* *

La peur trouble la raison.

Conséquence : elle rapproche de la bête.

*
* *

Devant l'assouvissement de leurs instincts, les animaux n'ont ni rancune ni fierté.

Il en est de même des gens sans dignité.

Exemple : devant leurs intérêts; devant leur gourmandise et leur cupidité.

*
* *

La vie terrestre est composée de faits.

La vie céleste est faite d'aspirations et d'idées.

Conclusion : les esprits mystiques n'entendent rien au « combat pour la vie ».

Exemple : à la concurrence, aux luttes politiques, aux combats effectifs.

Pour être un parfait spiritualiste, il faut avoir ses repas assurés.

En effet : le vrai spiritualiste dédaignerait de s'occuper de telles futilités.

*
* *

La majorité de nos tracas vient des besoins factices que nous nous imposons.

Exemple : ceux de l'envie; ceux d'une fausse ambition; ceux de la vanité.

Conclusion : on n'a pas le droit de s'en plaindre.

*
* *

La valeur de l'homme réside dans les responsabilités qu'il est capable d'encourir.

En effet : c'est là seulement où il donne toute sa mesure.

Exemple : devant le danger; devant l'inconnu.

*
* *

Pour que deux natures puissent s'unir, le devoir ne suffit pas.

Il faut y joindre, en outre, quelque chose de son cœur.

Exemple : un peu de compassion ou d'abnégation.

En effet : le devoir par lui-même est trop sec et trop froid.

On doit surveiller ses qualités, pour qu'elles ne tournent pas en excès.

Exemple : l'esprit religieux, la bonté, la sensibilité.

On doit canaliser ses défauts, pour qu'ils servent dans la vie.

Exemple : la méfiance, l'orgueil, l'ambition.

Conclusion : il faut mettre sans cesse de l'ordre dans son esprit.

*
* *

Souffre-t-on, parce que l'on ignore les progrès qui existeront dans mille ans d'ici?

Non. Donc : les bonheurs du progrès sont des bonheurs de convention, ou d'habitudes acquises; et ne sont pas, par suite, des bonheurs essentiels.

Exemple : le bonheur de se voir à la dernière mode.

*
* *

Les victorieux sont ceux qui réfléchissent le mieux.

En effet : les meilleurs actes sont ceux qui sont le plus mûris.

*
* *

La piété peut devenir aveugle, exclusive et maussade.

Exemple : quand elle devient un passe-temps, une passion, ou un pis-aller.

Nos défauts peuvent se cacher sous les qualités, comme des serpents sous les fleurs.
Exemples :
La faiblesse se cache sous la douceur.
L'égoïsme se dissimule très bien sous la bonhomie.
La cupidité se drape dans le droit.
L'activité fébrile cache l'étourderie.
La vengeance couve parfaitement sous de la correction.
La perfidie se dissimule très bien sous la politesse ;
Et la bonté peut faire croire au désintéressement.

*
* *

Il faut savoir se retirer en soi.
Exemple : pour coordonner ses sensations, ses réflexions et ses désirs.

*
* *

L'amour des impulsifs n'est pas à envier.
En effet : il est trop futile et trop agité.

*
* *

La canaillerie est moins enviable que l'honnêteté.
En effet : elle déchaîne le mépris, la haine ou la vengeance.

Les naïfs ne se rendent pas compte du dessous des choses.

Ils se butent sur ce qui luit, comme des mouches sur les vitres.

Exemple : ils se précipitent sur ce qui séduit, sans savoir où ils vont.

* **

La méditation apaise notre esprit, et le rend meilleur.

En effet : elle le plonge dans la source des idées et des faits; elle l'initie à la force des choses, et à la compréhension des beautés ambiantes.

Exemple : elle nous montre ce qui est vain; et elle nous fait comprendre l'Art et la Nature.

* **

Un mal n'est bien guéri, que lorsque l'on en a extirpé la racine.

Exemple : les mauvais gouvernements; le mal d'amour; le mal de dents.

* **

Dans les fiançailles, la compatibilité d'humeur devrait passer avant l'amour.

En effet : quand la première s'en va, le second la suit.

Il faut à la fois être chêne et roseau.

On sera roseau : pour s'incliner devant la force des choses, devant l'irréparable et la fatalité.

On sera chêne : là où l'énergie peut triompher, là où l'on peut surmonter le malheur.

*
* *

A l'égard des égoïstes, la mort est une loi nécessaire et vengeresse.

Sans elle, en effet : comme des microbes, ils dévoreraient tout.

*
* *

Notre grand ressort est fait : d'espoir, d'initiative et de liberté.

Quand il est brisé, nous ne sommes plus que des machines.

*
* *

Dans toute carrière, il existe deux sciences, parfaitement distinctes :

1° La partie technique; 2° celle qui nous rend plus forts que nos adversaires.

Exemple : dans les combats; dans toute concurrence.

Où donc se trouve l'idéal du caractère?
Dans la force et dans la droiture.

Les concessions mutuelles augmentent l'amitié.
En effet : elles prouvent l'envie d'être agréable, et elles font espérer les redressements utiles.

L'imagination est toujours libre, d'ajouter un surplus à ce qu'elle désire.
Ainsi : elle peut franchir l'invisible, arriver à l'idéal ou au surnaturel, et finir dans le délire.
Exemple : les visionnaires; la folie des grandeurs; la folie religieuse.

Il est naturel que le beau sexe n'ait ni logique ni acquis.
En effet : en général, il s'épuise en paroles.

La valeur de notre esprit est proportionnelle au contrôle de nos pensées.
En effet : c'est lui qui nous prouve leur justesse.

Plus les affections ont été profondes, et moins on peut les recommencer.

En effet : elles nous ont fait éprouver des sensations, que l'on ne peut plus ou que l'on ne veut plus renouveler.

*
* *

Nos facultés matérielles sont moins expansibles que notre intelligence, que notre imagination, ou que nos désirs.

De là viennent nos révoltes et nos déceptions.

En effet : nous avons les aspirations de l'oiseau, sans en avoir les ailes.

*
* *

Tout d'abord, on aime mieux ceux qui nous cèdent et qui nous gâtent.

Plus tard, quand on connaît la vie, on préfère ceux qui nous ont instruit.

*
* *

L'homme est hanté par la crainte de l'inconnu, et par l'ambition de se survivre à lui-même.

On devrait donc remercier les religions, de calmer en lui ces préoccupations.

En général, la vérité n'est pas polie.
Exemple : la brutalité des faits et de la force des choses.

Selon lui, l'orgueilleux est un être intangible et privilégié; et sa personnalité est au dessus de toutes choses.

Plus on se perfectionne, et plus on trouve stupides ceux qui ne le font pas.
En effet : les avantages que l'on en retire sont par trop évidents.
Exemple : quand on devient moins prodigue; quand on fait mieux ce qu'il faut.

Le beau sexe enfile mieux ses aiguilles que ses idées.

De par définition même, les optimistes sont superficiels et légers.
En effet : ils voient tout en bien, même ce qui ne l'est pas.

En mettant tout au pis dans ses combinaisons, les déceptions ne sont plus à craindre; et l'on ne peut plus avoir que des satisfactions.

Le vrai bonheur se distingue des autres, par une durée tranquille et sûre.
Exemples : par des satisfactions intimes; par des affections motivées et profondes.

Toute conversation qui ne sert à rien, est une jonglerie de mots et du temps gaspillé.

L'agrément est désirable, à condition qu'il ne soit pas l'objectif de la vie.
Exemple : la paix et la sécurité doivent passer avant lui.

L'étude de la vie est décevante, parce qu'elle dissipe nos rêves.
Par contre, elle est saine, parce qu'elle montre ce qu'il faut et ce qu'il ne faut pas.

Quand on ne se comprend pas l'un l'autre, l'existence se passe en récriminations.

En effet : les pensées et les actes sont sans cesse opposés.

Conclusion : il faut alors chercher un *modus vivendi*.

Exemple : dans les satisfactions extérieures, et non intimes ou intellectuelles.

Moins on a de besoins, plus on est heureux et riche.

En effet : il faut tôt ou tard finir par les payer.

* * *

Pour stimuler l'affection, il est bon de ne se voir que lorsqu'on le désire.

En effet : on évite ainsi la satiété et la mauvaise humeur.

* * *

Comme les microbes, les pensées demandent, pour éclore, une température donnée et un certain milieu.

Le milieu le plus favorable paraît être la fraîcheur et la brise du Nord, qui produisent d'ailleurs notre vigueur maxima.

Ardeur et Apathie.

Ceux qui vivent automatiquement, se croient plus heureux que ceux qui cherchent et qui pensent. — C'est une erreur.

En effet : chez les premiers, les émotions sont insipides et incolores.

Exemples : un gros rire sans vie; parler pour ne rien dire; le vide de l'esprit.

Chez les seconds, au contraire, les émotions sont vibrantes, attachantes et profondes.

Exemples : les dilatations de l'esprit, du cœur et des sentiments; le plaisir de vaincre et de profiter.

La légèreté et la passion du plaisir, ne peuvent pas se guérir.

En effet : ils ne supportent ni conseil ni contrainte.

La vibration de nos sentiments est contagieuse.

Exemples : l'éloquence enthousiasme; l'amour fait naître ou développe l'amour.

Moins on a besoin des autres, mieux cela vaut.
En effet : on s'évite ainsi toutes sortes de rebuffades.

*
* *

La valeur ultime de notre être est le discernement.
En effet : c'est lui qui forme la justesse de nos actes.

*
* *

Une femme qui joint la souplesse de son sexe à la logique de l'homme, est un oiseau rare et un être attrayant.
En effet : elle berce et attire, tout en instruisant.

*
* *

Alliez, combinez : l'égoïsme, l'envie, la jalousie, la maussaderie, l'étroitesse d'esprit, la cupidité et la vanité; et vous aurez les types moyens de l'humanité.

*
* *

Il faut préférer ses intérêts à ses goûts.
En effet : l'on se passe mieux des seconds que des premiers.
Exemples : il faut préférer ce qui rapporte au désir de paraître; et les conseils pratiques à l'amour-propre hautain.

On peut être sot et intelligent.

Exemple : quand on déploie de l'intelligence pour faire des sottises.

*
* *

L'amabilité mondaine est plutôt une grimace qu'une réalité.

En effet : sept fois sur dix, elle n'exprime pas ce que l'on pense.

*
* *

La dépopulation vient ou viendra : de la difficulté de vivre et du matérialisme.

En effet : la vie vaut-elle la peine d'être vécue pour elle-même?

La réponse se trouve dans la vue et dans l'opinion des vieillesses pensantes.

*
* *

Il est agréable d'être aimé pour son propre mérite, au lieu de l'être par banalité.

Exemple : dans la famille, dans le mariage.

En effet : l'on en éprouve ainsi une juste fierté; et un peu plus de sécurité.

Théoriquement : les charmes du beau sexe sont faits pour inviter à la reproduction.

Conclusion : en dehors de cet instinct, il ne faut pas trop s'y fier.

En effet : ils peuvent n'être que des pièges.

Ecoutons attentivement les méditatifs, car leurs pensées plongent dans la racine des choses.

Exemple : dans l'observation des causes; dans l'observation de la création.

L'homme n'aura de repos que lorsqu'il sera certain que le bonheur ne se trouve ni dans le plaisir, ni dans l'oisiveté, ni dans l'envie, ni dans la vanité; mais dans le contentement de la vie intime.

Exemple : dans la sérénité du cœur et de l'esprit.

Les femmes très aimables cherchent à plaire à trop de monde; et les hommes trop aimables deviennent efféminés.

En effet : l'amabilité doit être un agrément, et non pas un métier.

On ne s'occupe pas assez de ce qu'il faut pour plaire.
En effet : si on le savait et si on le pratiquait, tout le monde y gagnerait.

*
* *

On est naturellement sagace, quand on sait se mettre à la place d'autrui.
En effet : on connaît par soi-même ce qui lui convient.

*
* *

L'agitation est la caricature de l'action.
En effet : elle étourdit, énerve et fatigue sans profit.

*
* *

Ce qui plaît le plus dans l'affection d'autrui, c'est de retrouver en lui le reflet de soi-même, et de prolonger ainsi sa personnalité.

*
* *

Les gens d'action brassent des hommes et des choses.
Les intellectuels (spiritualistes, poètes, etc.) brassent surtout des idées.
De là vient, dans la pratique, la supériorité des premiers.
Exemple : dans les luttes politiques; dans la lutte pour la vie.

En dehors de la critique algébrique ou scientifique, l'erreur est à craindre.

En effet : cette critique seule considère à fond tous les cas d'une question.

*
* *

Par nature : le goût du plaisir voltige sur tout et ne se fixe sur rien.

Exemples : la passion de la danse et du jeu; le besoin de s'étourdir.

Conclusion : les professionnels du plaisir sont fatalement légers.

*
* *

Les natures basses et viles aiment à humilier les natures d'élite.

Exemple : les chefs envieux et vindicatifs.

En effet : ils se vengent ainsi du mépris qu'ils méritent.

*
* *

Quel qu'on soit, peut-on se passer des richesses sans souffrir?

Oui : quand on est sans peur, sans faiblesse et sans vanité.

En effet : l'on possède alors la vaillance d'une conscience droite et forte.

Pour bien conduire les hommes, il faut qu'ils soient contents et fiers d'obéir.

Exemple : Napoléon Ier et ses soldats.

*
* *

C'est de la naïveté de discuter avec ceux qui ne savent pas écouter.

En effet : ils ne savent qu'abonder dans leur sens.

*
* *

Les Trappistes ont raison.

La mort réelle devrait être précédée de la mort sociale.

Exemple : pour ne pas exhiber notre décrépitude ; pour ne pas ennuyer ; et pour moins regretter ceux qui nous entourent.

*
* *

Pendant vingt-cinq ans, nous nous formons. C'est la période des semailles et des vastes espoirs.

Pendant vingt ans nous montons.

C'est le moment des récoltes : celui où la vie semble agréable et bonne.

Après, c'est la débâcle : le moment où l'on paie les fautes du passé.

En fait de choses morales, on ne peut comprendre que ce que l'on ressent.

Conclusion : quand on ne comprend pas les belles qualités des gens, c'est qu'on ne les possède pas.

*
* *

L'amour maternel est le complément de l'instinct de reproduction.

Chez les animaux, il est périodique et court.

Dans l'humanité il se prolonge : par l'habitude, par la sociabilité, et par la faculté d'idéaliser.

*
* *

Vivre pour le monde, c'est bâtir sur le sable.
En effet : leurs consistances se valent.

*
* *

Comptons, si vous le voulez, avec nos penchants ailés.
Exemple : avec le rêve, l'imagination, la poésie, l'idéal.
Mais, du moins, qu'ils restent dans leur sphère.

*
* *

L'arme des forts, c'est le savoir et l'énergie.
L'arme des faibles est la ruse, et les faux-fuyants.

Pour mourir en repos, il faut se débarrasser de l'instinct de conservation, de la frayeur de l'inconnu; et se soumettre gaiement à la fatalité.

On peut alors attendre de pied ferme, l'ordre du « lâchez tout ».

*
* *

Où donc se trouve la philosophie de la vie?
Dans la recherche de ce qui est faux, afin de l'éviter; et dans celle du vrai, pour le pratiquer.

*
* *

On voit les qualités qui nous manquent, en se comparant impartialement à autrui.
En effet : elles ressortent ainsi avec plus de clarté.

*
* *

C'est très joli de consoler les autres; mais à une condition : c'est que cela ne soit pas toujours à recommencer.

*
* *

Les gens sans tact ignorent leurs balourdises.
Pour eux, ceux qu'ils froissent sont des susceptibles.
En effet : le dessous des choses est pour eux invisible.

Un esprit intelligent est toujours occupé.

Exemple : à comparer le pour ou le contre; ou à rechercher le mieux.

En effet : il lui importe de tirer de la vie tout ce qu'elle peut donner.

*
* *

Nous autres Gaulois, nous préférons un esprit vif et brillant, à un esprit lent mais sûr et profond.

Cela se constate : dans les conversations, dans l'éducation; et surtout en politique.

*
* *

On préfère s'en rapporter à sa mémoire et à ses habitudes, plutôt qu'à son jugement.

En effet : cela dispense de creuser ses idées.

*
* *

Pourquoi est-on pessimiste?

Parce que : pour les lois de la Nature, nous sommes ce qu'une souris est dans les pattes d'un chat.

Parce qu'il faut trop se défendre des hommes, pour ne pas être leur dupe.

Parce que le Bien, le Beau, la Vérité, l'Idéal, même justes ou nécessaires, sont conçus et désirés par nous sans pouvoir être atteints.

Quand l'amour ne dure pas, c'est qu'il ne repose pas sur des sensations intellectuelles ou intimes.

En effet : les satisfactions intimes durent autant que la compréhension.

*
* *

Les femmes coquettes, la vanité, l'orgueil recherchent l'encens.

En effet : ils se prennent pour des divinités.

*
* *

On lâche fatalement, ceux qui ne nous comprennent pas.
En effet : ils nous fatiguent en vain.

*
* *

Il ne s'agit pas de vouloir.
Il s'agit de savoir où mène la volonté.
En effet : on peut vouloir des erreurs.

*
* *

La politique est une sirène.
En effet : vu la versatilité ou l'ingratitude des hommes, elle engloutit généralement tôt ou tard, tous ceux qui s'y adonnent.

L'époque est au travail et au calcul.

Conclusion : les fugues de l'imagination ne sont plus permises, qu'en récréation.

*
* *

La réflexion, l'instruction, l'initiative, sont les ennemies jurées des esprits routiniers.

En effet : elles secouent leur paresse.

*
* *

On ne paie pas ses fournisseurs, avec ses illusions.

Conclusion : elles sont moins permises aux pauvres qu'aux riches.

*
* *

Le meilleur objectif de la vie, c'est de s'améliorer.

En effet : de cette façon, le temps nous bonifie; et le poids des ans nous sert à quelque chose.

*
* *

Les impulsifs distribuent leur affection, à tort et à travers.

En effet : vibrer, est ce qu'ils préfèrent.

Les esprits réfléchis, ne donnent la leur qu'à bon escient.

Il n'est guère utile d'être l'homme du passé.

Il ne suffit pas d'être l'homme d'aujourd'hui.

Il faut encore être l'homme de l'avenir.

Exemple : pour son pays, pour ses enfants; et pour ses vieux jours.

*
* *

Le dévouement, le tact, la délicatesse, sont des frais inutiles, avec ceux qui en manquent.

En effet : ce sont des perles devant des pourceaux.

*
* *

Une vie manquée a un avantage.

En effet : elle devrait nous permettre de mourir sans regrets.

*
* *

Pour les autres, on ne vaut que par ses actes.

En effet : les belles intentions seules, ne servent à rien.

*
* *

Une femme qui n'a ni perspicacité, ni souplesse, ni tact, ni abnégation, n'est pas une femme, dans le beau sens du mot.

En effet : si elle est vieille ou laide, c'est un embarras; et si elle est jolie, elle n'est qu'un ornement.

Nous tenons à nos défauts, ou à nos vices : comme on tient à ses vieilles habitudes, ou à ses vieux habits.
Exemple : à nos entêtements et à nos prétentions.

***

Le mot « aimer », est souvent profané.
Exemple : aimer le beau sexe, n'est ni de l'affection ni de l'amour.
C'est de la poésie, ou de la bestialité.

***

Comme une liane : les natures exaltées ou enthousiastes, ont besoin d'un appui.
Exemple : d'amis sérieux et positifs.
En effet : elles s'abandonnent trop facilement, aux fantaisies de l'esprit.

***

L'amour sans qualités sérieuses, n'est que de la poésie. Il est aussi joli; mais pas plus vrai qu'elle.
Exemples : l'amour frivole; l'amour caprice.

***

Comme le courant des fleuves, nous nous perdons dans l'immensité.
Cela console ceux qui ont besoin de grandeur et de repos.

De l'Action.

Pour les uns : l'action, est la suite d'une inspiration, d'une croyance, d'un désir.

Si elle ne réussit pas, la faute en est au hasard, ou à la fatalité.

Exemple : chez les visionnaires, ou chez les naïfs.

Pour les autres : un acte est la résultante de nos calculs, et de notre volonté.

S'il n'aboutit pas, une erreur, une faute, en sont la cause; et il faut la trouver.

Exemple : chez les savants, et chez les philosophes.

On ne peut être que meurtri par ceux qui ne connaissent pas le cœur humain.

En effet : ils ne savent rien faire de ce qui lui convient.

Une femme manque de perspicacité, quand elle proclame son sexe supérieur à l'autre.

En effet : cela prouve son ignorance de ce que valent le travail et la force.

On paie trop cher les bonheurs, qui ne tiennent pas compte de la nécessité.

Exemple : les bonheurs qui dépassent nos ressources.

Chacun de nos instincts est un égoïste qui lutte pour son existence. Il dévorerait tous les autres, si on le laissait faire.

Exemples : la gourmandise; l'amour du plaisir.

La civilisation actuelle est encore trop jeune, pour qu'on connaisse ses résultats et ses inconvénients.

Ne nous passionnons donc pas trop : sur sa valeur intrinsèque, et sur son avenir.

Entre un homme d'action et un homme de salon : il y a la même différence, qu'entre une abeille et un frelon.

Sans l'intimité de l'esprit ou du cœur, l'affection se réduit : à des services mutuels; ou au plaisir de ne pas être seul, pour éviter l'ennui.

Les uns sont intrépides, les autres sont lâches;
Les uns sont bêtes, les autres ont de l'esprit;
Les uns sont désintéressés, les autres sont cupides;
Les uns sont clairvoyants, les autres sont aveugles.
Pourquoi donc soutenir que les hommes sont égaux?

*
* *

On plaît aux autres :
Quand on connaît leurs pensées favorites; et quand on leur en parle avec discernement.
Ainsi procèdent : les intrigants, les gens aimables ou attentionnés.

*
* *

Le progrès augmente la production;
La production augmente la concurrence;
La concurrence provoque le surmenage;
Et le surmenage, précède l'anémie.
Conclusion : moralement, le progrès en excès ne semble pas être un bien.

*
* *

Pour le spectateur : l'existence ressemble à un navire qui passe.
En effet : elle avance, en disparaissant.

On devrait faire comprendre aux jeunes filles à marier : qu'il faut raisonner et se discipliner.

En effet : ce n'est que comme cela, qu'un ménage peut marcher.

* * *

La fièvre (pratique) de l'esprit augmente nos gains, ou nos connaissances.

Exemple : la passion d'apprendre.

La fièvre (non pratique) de l'esprit, use inutilement.

Exemples : les conceptions, les conversations oiseuses; un écureuil dans sa roue.

* * *

On a créé les sciences de la chimie organique, et de la chimie inorganique.

La science de la chimie intime, reste encore à trouver.

* * *

Le génie est mystérieux et subit : c'est un coup de tonnerre.

En dehors de l'art, du danger et de la nécessité, on ne l'estime guère.

En effet : il gêne, on le jalouse; ou on ne le comprend pas.

Exemples : quand il dérange les habitudes; quand il humilie les petits esprits.

Deviner nos goûts et nos ennuis pour les bercer : est un lien solide, pour l'amour et l'amitié.

En effet : on est reconnaissant du bien que cela nous cause.

*
* *

La distinction suprême est modeste.

Comme les violettes, elle enivre par son parfum, doux, pénétrant et caché.

Elle ne s'impose pas; elle enveloppe.

*
* *

Pour le public :
Un grand homme pauvre n'égale pas un vulgaire enrichi.

Conclusion : cela seul prouve la justice et la clairvoyance de la moyenne des hommes.

*
* *

Le désintéressement du moi, embellit toutes choses : même le mal.

Exemple : un suicide, un crime passionnels.

*
* *

Pour durer : l'affection exige du tact.

En effet, le tact permet de respecter : les besoins, les goûts, et les idées d'autrui.

Pourquoi notre existence ne s'épanouit-elle pas comme une fleur?

Parce que notre imagination est trop insatiable.

Parce que celle-ci développe en nous des besoins, et des passions qui rongent.

Exemples : l'envie, la vanité, le qu'en dira-t-on.

Parce qu'il faut trop peiner, pour les satisfaire.

* *
*

Après un bon sommeil et une bonne nourriture : le premier des biens, est une bonne température.

Celle-ci, en effet, nous rend frais et dispos.

* *
*

Craignez les ruades, des hommes et des choses : si vous les touchez, là où il ne faut pas.

En effet : tout ce qui ne doit pas être et qui est, provoque une réaction.

* *
*

Les satisfactions animales de la vie, sont ici-bas, nos dernières ressources.

Exemple : le besoin de repos, et des bonnes digestions.

En effet, avec le temps : on évite de plus en plus les efforts de l'esprit.

La faiblesse et le charme de la femme, sont ses protecteurs innés.

En effet : ils provoquent la pitié, et la galanterie.

*
* *

Les affections sérieuses et profondes, sont utilitaires.

En effet : elles veulent que l'on puisse compter l'un sur l'autre en cas de danger ou d'imprévu.

*
* *

Les vieillards peuvent être charmants.

Exemples : s'ils savent s'oublier; s'ils prouvent de l'expérience; et s'ils savent l'inculquer.

*
* *

Pratiquement, un esprit intelligent et rêveur, est inférieur à un esprit borné mais actif.

En effet : dans la pratique, ce sont les faits qui comptent.

*
* *

Le plaisir ne devrait être que du délassement.

Et encore! on peut se délasser, en changeant d'occupations.

On distingue : la petite honnêteté :

C'est l'honnêteté du monde, l'honnêteté courante, qui se résume dans : « Pas vu, pas pris »;

La moyenne honnêteté : celle qui ne « veut pas faire à autrui ce que nous ne voudrions pas qu'on nous fît »;

Et enfin, la grande honnêteté : celle qui glisse dans la vie, comme un cygne sur l'onde.

Chaque époque a sa note dominante.

Celle du jour est l'agitation, le besoin de s'étourdir; et la passion violente de l'égalité.

Tel est bien, en effet : l'esprit des démocraties et des gens qui ne savent pas penser.

A l'adresse, des orgueilleux qui hésitent, ou des sots prétentieux : « Il n'y a pas plus loin, de chez toi chez moi, que de chez moi chez toi. »

Soit : mais c'est surtout vrai, matériellement parlant.

Parfois l'égoïsme peut être pardonnable.

Exemple : quand fatigué par la bêtise ou par la personnalité d'autrui, on se retire en soi.

L'esprit mondain est fait : d'oisiveté, d'habitudes, de conventions, et de vanité.

Comme le vent du désert : il dessèche tout ce qu'il touche.

* * *

On nous fait des observations :
Pour nous vexer; pour corriger des erreurs ou des préjudices; et enfin par bienveillance, pour nous amender.
C'est à nous de discerner.

III

Il faut profiter de ses satisfactions, comme on profite des fleurs.
En effet : sauf pour les lois fondamentales de la vie, leur éclat et leur parfum sont aussi éphémères.
Exemples : celles des friandises; celles des plaisirs.

* * *

Les plus nobles métiers sont ceux où l'esprit reste indépendant.
Exemples : dans la science, dans la littérature, dans l'agriculture.
En effet : on y reste soi; et l'on y conserve toute sa dignité.

Comme récompense : nous traitons de fous, ceux qui nous gorgent bêtement.

En effet : la bêtise n'inspire que de l'ironie ou de la pitié.

**

Les uns cherchent leurs décisions : dans leur mémoire, dans leurs fantaisies; ou dans les on-dit.

Les autres les prennent dans leurs réflexions, et dans leur acquis.

**

Quand cela ne va pas :
Le chef dit qu'il n'est pas secondé; et le subordonné dit qu'il n'est pas commandé.

**

Les producteurs du luxe excitent nos besoins, afin d'en profiter.

Les philosophes les atténuent, afin d'augmenter leurs ressources et leur liberté.

**

Nos défauts fuient la perspicacité, comme les hiboux fuient la lumière; comme le gibier fuit le chasseur.

En effet : ils ont peur d'être vus.

L'ennui n'est que l'incapacité de se suffire à soi-même : ou encore, que de la nonchalance d'esprit, qui ne sait pas se créer des occupations.

* * *

La contemplation est le contact, l'assimilation de notre être, avec les principes élémentaires des choses.
Conclusion : la contemplation de la Nature, est un reflet de la vie universelle.

* * *

Intéresser les autres, c'est parfait : mais à condition qu'il y ait réciprocité.
En effet : « Tout service mérite salaire. »

* * *

On doit fuir comme la peste : les ignorants orgueilleux et autoritaires.
En effet : ils ne peuvent que se noyer; et nous entraîner, quand nous voulons les sauver.

* * *

La colère contre la bêtise, n'est pas de la passion.
Elle n'est que la révolte du bon sens; ou que le regret de ne pas pouvoir empêcher le mal.

Les mauvaises pensées sont comme les mauvaises herbes. Il faut les détruire, avant leur floraison.

A la longue : l'égoïsme de l'un, tue l'amour de l'autre.
En effet : on se lasse de donner plus que l'on ne reçoit.

Avec l'intelligence : l'on comprend et l'on développe les choses.
Avec les sentiments (cœur, dévouement, pitié, sympathie, etc.), l'on s'attache les gens.
Conclusion : leur union produit les profondes affections.

La bonté banale est une sorte d'omnibus.
En effet : tout le monde, et même les bêtes, peuvent pénétrer dedans.

On aime les autres, quand on leur prête des idées qui nous plaisent.
Exemple : quand on croit faussement, qu'ils s'intéressent à nous.

L'initiative est l'âme de l'organisation, de l'audace, du courage, de l'intelligence et de la confiance en soi.

En effet : elle seule peut faire produire, tout ce que nous pouvons rendre.

Conclusion : c'est elle qui a manqué aux conservateurs et au clergé français, vers l'an 1900.

* * *

Il faut parler avec ce que l'on a ressenti, approfondi et pratiqué; et non, comme une pie ou comme un perroquet.

En effet : cela prouve de la valeur personnelle.

* * *

« La vie est une comédie pour ceux qui pensent; et une tragédie pour ceux qui sentent. »

En effet : l'esprit est plus enjoué et plus alerte que les sensations; par contre, celles-ci sont plus troublantes et plus profondes.

Exemple : les chagrins du cœur, les sentiments froissés.

* * *

En vieillissant, on souffre : de ses fautes passées, de l'usure de ses organes, et du néant de la vie.

Conclusion : il s'agit d'acquérir assez de courage ou d'indifférence, pour en prendre son parti.

Les pensées profondes éclosent et poussent, comme les plantes dans la terre.
Exemple : comme le chêne ou comme le blé.

*
* *

On voit tout d'abord les hommes, comme ils nous apparaissent.
Exemple : avec nos désirs, ou avec ce qu'ils cachent.
Or : il importe avant tout, de les voir tels qu'ils sont.
Exemple : avec leurs tares, leurs instincts et leurs capacités.

*
* *

En principe : nos malheurs viennent du défaut de discernement.
Exemples : quand on ne distingue pas la bonne voie de la mauvaise; quand on ne discerne pas les ennuis que l'on se crée.

*
* *

Les démocraties ressemblent à des enfants gâtés, volontaires et gourmands.
En effet : elles ignorent la prévoyance; et les conséquences de leurs actes.
Conclusion : elles n'ont pas les qualités d'un bon père de famille.

Pour les esprits inférieurs (faibles, vaniteux, paresseux, etc.) : penser à la force des choses est une souffrance.
La leur prouver, est de la tyrannie.

*
* *

Nos esprits sont des éléments, dont la culture et la classification sont par trop ignorées.
Exemples : la connaissance et la culture de soi; la classification de nos instincts et de nos penchants.
En effet : l'on ne peut diriger pratiquement, que ce que l'on connaît.

*
* *

Celui qui combat nos défauts, est un véritable et courageux ami.
En effet : notre colère ou notre rancune, sont à craindre pour lui.

*
* *

Comme la vertu : la belle piété s'ignore elle-même.
En effet : elle coule de source, et n'encombre pas.

*
* *

Un ami utile vaut mieux qu'une famille qui ne l'est pas.
En effet : celle-ci n'est qu'un nouveau souci ou un embarras.

La meilleure des littératures, est celle qui améliore le cœur et l'esprit.

En effet : on ne peut rien demander de mieux, parce que le reste suit.

* * *

Dans l'incompatibilité d'humeur : il faut se quitter, avant l'aversion.

En effet : l'on se sépare meilleurs amis; et l'on évite des drames.

* * *

On se trouve bien, près d'un caractère sérieux et profond.

En effet : on y est à l'abri des maussaderies, de la fantaisie et de la légèreté.

* * *

La science de la vie s'acquiert difficilement.

En effet : elle demande de l'expérience et du discernement.

Conclusion : il ne faut pas s'attarder avec ceux qui ne s'en occupent pas.

* * *

On est plus fort que la mauvaise fortune, quand l'énergie et l'intelligence sont supérieures à elles.

Exemple : quand on recommence une tâche, en tenant compte des erreurs qui l'avaient fait échouer.

Nos besoins se transforment en goûts; et nos goûts se transforment en idées.

Exemple : l'appétit d'abord et l'imagination ensuite, forment l'art culinaire.

Conclusion : nos idées sont des besoins déguisés, amplifiés ou arrangés.

* * *

La démocratie est le moyen d'introduire dans le peuple, les vices de la bourgeoisie et de l'aristocratie.

Exemples : le goût de la mollesse; celui des raffinements, inutiles et coûteux.

* * *

Dans les situations critiques, il n'y a qu'un effort qui compte : c'est celui qui nous en tire.

Or : il dépend du savoir, de la clarté et de la force de l'esprit.

* * *

Il est agréable de faire plaisir, à ceux que nous aimons.
En effet : cela augmente les causes de leur affection.

* * *

N'aimer que ce qui dure.
En effet : cela évite des regrets, et du temps perdu.

On ne devrait s'intéresser, qu'à ce qui nous profite.

Exemples : à sa santé; à ses intérêts, matériels et moraux; à ceux qui nous aiment et que nous aimons.

De cette façon, en effet : notre temps vaudrait de l'or.

* * *

Il est intéressant d'observer le déclin de sa vie, comme l'on observe une flamme qui s'éteint.

En effet : cela permet de faire, jusqu'au bout, de la philosophie.

* * *

L'esprit religieux est au mysticisme ce que l'astronomie est à l'astrologie.

En effet, le mystique tire des horoscopes : au lieu de se livrer à des calculs utiles.

* * *

Seuls, les sots orgueilleux, croient toujours avoir raison.

En effet : il suffit pour les autres, de se tromper le moins possible.

* * *

Notre puissance augmente avec le savoir.

Conclusion : la supériorité des gens qui apprennent sur ceux qui n'apprennent pas, augmente avec le temps.

Le travail désiré est moins pénible que le travail forcé.
En effet : le premier attire et le deuxième repousse.
Conclusion : il faut, autant que possible, rendre le travail désirable.

*
* *

Avec l'homme de mérite : il y a toujours quelque chose à gagner.
Exemples : le plaisir d'apprendre; les aperçus qu'il fait naître.

*
* *

Ce sont l'équivoque, les mots sonores et la flagornerie, qui font les sophistes; et ce sont les sophistes, qui conduisent les Gaulois.

*
* *

L'activité fébrile, est-elle un bien?
Non : quand elle empêche de se recueillir, pour mieux se diriger.

*
* *

Accaparer l'attention des autres, ne tarde pas à les crisper.
En effet : cela les éteint ou les fatigue.
Exemple : quand dans la conversation, on leur impose sa personnalité.

Avec un ennemi mortel : il faut savoir ce qu'il fait; puis mieux faire que lui.

En effet : « être ou ne pas être », telle est alors la question.

Exemples : dans la concurrence; à la guerre; et en politique.

*
* *

Les grandes idées, sont comme les fleurs sauvages.

En effet : pour se développer, elles ont besoin d'air et de liberté.

Exemples : le génie; les méditations profondes.

*
* *

On s'arrange facilement avec les idées.

Exemples : dans le spiritualisme, dans la scolastique et la métaphysique.

Il n'en est pas de même, avec la Nature.

Exemples : avec les lois de la pesanteur; avec celles de la vie.

Conclusion : il n'est pas sage de se confiner dans le domaine des idées.

*
* *

L'amour de la Nature, est notre dernière ressource.

En effet : il est certain; nul ne peut nous l'enlever, et il nous familiarise avec l'infini et l'éternité.

Il faut savoir s'élever jusqu'aux esprits supérieurs; et ne pas vouloir les rabaisser jusqu'à soi.

En effet : si notre orgueil en souffre, notre mérite en profite.

*
* *

De justes concessions mutuelles, prouvent des natures d'élite.

En effet, il faut pour cela : de l'intuition, et de l'empire sur soi.

*
* *

Il faut mettre du cœur dans l'amitié.

En effet : il l'anime et la réchauffe.

*
* *

Il est toujours nécessaire, de contrôler sa confiance.

En effet : chacun change ou peut changer; il en est de même des circonstances.

*
* *

L'affection peut se mesurer aux dévouements dont elle est capable.

En effet : sans des sacrifices ou l'abandon possible de soi, l'amitié n'est qu'un passe-temps.

On se rend compte de la différence qui existe entre un esprit juste et un esprit faux, en comparant les conséquences de leurs actes.

Exemple : en comparant les conséquences du raisonnement, avec celles de la fantaisie ou de l'entêtement.

Avec de l'esprit, et le désir de plaire : on déride les fronts, et l'on entr'ouvre les cœurs.

En effet : on fait naître de l'attraction, et de la belle humeur.

Quand a-t-on de l'esprit?
Quand on a du mordant, du tact et de la finesse.

Le mérite doit savoir s'imposer.
En effet : sans cela on en abuse ou on l'ignore.

Il existe un mysticisme laïque.
C'est celui qui plane dans des espoirs, chimériques et dorés.

Exemples : les idéologues; ceux qui croient à l'âge d'or.

L'impulsivité et l'intelligence, nous poussent à la science, et à l'ambition.

La philosophie (étude de la sagesse), nous pousse à la tranquillité, et à la réflexion.

Celles-ci, en effet : sont plus bienfaisantes et plus sûres.

*
* *

Il faut savoir ce que l'on vaut.

Exemple : pour savoir ce que l'on peut.

*
* *

L'obéissance volontaire et raisonnée, n'est pas de la même espèce, que l'obéissance passive, asservie et sans vie.

Exemple : la première crée de la force morale; et la seconde l'amoindrit.

En effet : celle-ci nous réduit à l'état de machines.

*
* *

Le moral et la matière obéissent souvent aux mêmes lois.

Exemple : pour toute quantité donnée, sa surface est en raison inverse de sa profondeur.

En effet : il en est bien ainsi, pour les sentiments trop étendus ou trop vagues.

Le tact acquis naît de l'étude de soi, qui mène, par comparaison, à l'étude d'autrui.

En effet, généralement : ce qui nous déplaît, ne plaît guère aux autres; et réciproquement.

Conclusion : ceux qui s'occupent du monde intime, ont plus de tact que ceux qui ne s'en occupent pas.

Quand les gens naïfs et légers ont ri de leurs défauts, ils sont à bout de forces.

En effet : leur intelligence et leurs efforts ne peuvent aller plus loin.

La banalité est un manque de distinction : dans l'intelligence, dans les actes et dans les sentiments.

C'est pourquoi elle déplaît aux esprits délicats.

Les hommes succombent à la longue, sous le poids de leurs utopies et de leurs sophismes.

Exemple : sous l'engouement du bien-être, et de la mollesse.

En effet : la nature, tôt ou tard, reprend toujours ses droits.

L'esprit routinier est le contraire de l'esprit philosophique.

En effet : l'un est fait de vie et de recherche, et l'autre d'engourdissement.

*
* *

Au lieu d'agir : les impuissants et les faibles passent leur temps à gémir.

En effet : cela demande moins de travail, et moins de décision.

Exemples : les repus, les ramollis, les gens décoratifs.

*
* *

L'individualisme est le triomphe de l'égoïsme sur l'intelligence.

En effet, il est facile de voir : que l'échange des sympathies multiplie nos forces.

Exemples : l'union; les dévoûments réciproques.

*
* *

Un philosophe observateur, ne peut pas être optimiste.

Exemples : quand il observe les causes du déclin des races; quand il constate la légèreté et l'individualisme de la plupart des hommes.

Les théories, les civilisations, les religions passent; et l'homme reste.
Conclusion : c'est à lui surtout, qu'il faut s'intéresser.
Exemple : à sa droiture et à sa force.

L'amour profond n'est pas un coup de foudre.
En effet : il est la conséquence de raisons sérieuses.
Exemple : il résulte de la compatibilité des intelligences, des sentiments, et des caractères.

S'étourdir l'esprit, n'est pas profiter de la vie.
En effet : profiter de la vie, c'est cultiver ses aspirations utiles et agréables.

Ce n'est pas l'envie du bonheur, qui est à blâmer; ce sont ses conceptions fâcheuses.
Exemple : la folie de paraître; et celle des grandeurs.

On attaque peu les esprits spirituels et mordants.
En effet : on redoute leurs reparties.

Les clartés de l'esprit (perspicacité, intuition, etc.), trouvent des solutions qu'ignore la théorie.

Exemples : dans l'art; dans le danger, et devant l'imprévu.

Conclusion : elles sont indispensables, dans ces divers cas.

*
* *

A bord : les mouvements du pilote sont peu de chose, en comparaison de ceux du navire.

Ce sont cependant eux, qui décident de tout.

Il en est de même du jugement, par rapport à nos actes.

*
* *

Tant que les préoccupations, et les pensées de derrière la tête, ne sont pas communes : le mariage existe en droit, mais non pas en fait.

En effet : la fusion des deux êtres ne s'est pas opérée.

*
* *

« Le bon Dieu s'arrange de tout et ne se plaint jamais. »
C'est ce qui sourit tant aux consciences faciles.

*
* *

Un semeur d'idées, est forcément fécond.
En effet : les idées engendrent les actions.

Les victoires de la volonté sont une source de plaisirs.
En effet : elles prouvent notre force, et l'empire sur soi-même.

Comme l'or pur, l'intelligence a besoin d'alliage pour devenir pratique.
Exemple : il faut qu'elle soit unie, au travail et au bon sens.

La vue de nos faits et gestes ne nous appartient pas.
En effet : chacun peut l'emporter en soi, pour l'analyser.

L'esprit sans fermeté est comme un sable mouvant.
En effet : il engloutit tout ce qui s'appuie sur lui.

Sans au-delà : plus la vie sera bonne et plus on la regrettera.

L'amabilité : c'est le génie des attentions.

Si les satisfactions de ce monde ne valent pas grand chose, ce n'est pas une raison pour les repousser.

C'en est une, au contraire, pour mieux en profiter.

Exemple : une conversation spirituelle.

***

Pour que les affections (amitié, amour, sympathie, etc.) soient durables : il faut de la réciprocité, dans les sentiments.

Exemple : dans les concessions, dans les sacrifices.

En effet : il faut de la justice, en cela comme dans le reste.

***

Nos passions sont l'excès de nos besoins.

Exemples : la gourmandise est l'excès de l'appétit; la paresse est l'excès du besoin de repos; la passion du plaisir est l'excès du besoin de distraction.

Conclusion : pour atténuer les premières il faut calmer les seconds.

***

C'est avec les passions, que les hommes vivent.

Exemple : avec l'égoïsme, avec l'intérêt, avec l'envie, avec la vanité.

Conclusion : pour diriger les hommes, il faut connaître leurs passions, et savoir en user.

Les intelligences brillantes et spécieuses sont à redouter.
En effet : elles savent embellir l'erreur, et faire naître les sophismes.

*
* *

Malgré de beaux sentiments, on peut ne pas plaire.
Exemple : quand ils s'unissent à un mauvais caractère.

*
* *

L'observation et la réflexion ne vont pas avec le goût du plaisir et et du bruit.
En effet : elles en connaissent le vide, et le temps qu'ils font perdre.

*
* *

Les gens bêtes ont d'excellentes raisons, pour s'accrocher aux gens d'esprit.
Exemple : pour en user, ou pour les amuser.
Mais les gens d'esprit en ont pour les fuir, de bien plus grandes encore.
Exemple : pour ne pas entendre leurs âneries, ou leurs banalités.

*
* *

Avec ceux qui irritent notre bon sens et notre expérience : la paix n'est pas possible; il faut les quitter.
En effet : ils nous dépravent et nous énervent.

Il y a toujours au moins égalité : entre un but à atteindre, et ce qu'il faut pour y arriver.

Exemple : pour être aimable, l'observation et l'expérience prouvent : qu'il suffit d'avoir du tact, et le désir de plaire.

L'amabilité (but à atteindre) = du tact + le désir de plaire.

Conclusion : pour obtenir une résultante, il faut établir ses composantes; et se procurer celles qui pourraient manquer.

*
* *

Pour la majorité des gens : le mariage est une fonction.

Exemple : on se marie, pour avoir son couvert mis; ou pour pouvoir le mettre.

En effet : neuf fois sur dix, on se marie pour beaucoup de raisons; excepté pour celle d'être l'un à l'autre.

*
* *

Les confesseurs estiment peu les femmes : parce qu'elles les fatiguent de leurs niaiseries, et de l'inconsistance de leur esprit.

Par contre : les femmes aiment les confesseurs, pour faire bercer leurs rêves et leur faiblesse.

*
* *

« Vie qui dure vaut mieux qu'une vie qui gaspille. »

Il n'est pas honnête de prêcher le bien-être aux foules.
En effet : elles ne souffrent pas des jouissances qu'elles ignorent, et elles souffrent, au contraire, de celles qu'on leur fait envier.

*
* *

La psychologie est, pour la science de la vie, ce que l'arithmétique est pour les sciences exactes.
En effet : elle est la base de la science de l'homme.

*
* *

Vouloir tout faire par soi-même, est une preuve de médiocrité.
En effet, cela prouve : que l'on n'en voit pas l'impossibilité; et de plus que l'on ignore l'art de diriger.
C'est le contraire, quand il s'agit de vérifier.

*
* *

L'on ne connaît réellement quelqu'un, que lorsqu'on connaît ses instincts, et ses pensées de derrière la tête.
En effet : ce sont eux qui forment l'origine de nos actes.

*
* *

Un beau livre? — L'Univers.

Les affections, les aspirations, l'idéal brisés, nous font désirer la fin de l'existence.

Sans eux, en effet : la vie ne vaut pas la peine d'être vécue.

*
* *

Il ne suffit pas d'aimer, pour qu'il y ait réciprocité.
En effet : il faut encore savoir plaire.
Exemple : par son amabilité, et son intelligence.

*
* *

Ceux qui n'ont pas effectivement combattu pour la vie, doivent être écoutés avec circonspection.
En effet : ils ignorent la philosophie des réalités.
Exemple : leurs difficultés pratiques.

*
* *

L'amour sérieux dédaigne les qualités qui ne font pas aimer.
Exemple : entre une beauté égoïste et l'effusion, il choisira celle-ci.

*
* *

Pour être dupé le moins possible : il faut rester maître de son cœur, et de son esprit.
Sans cela, en effet : on ne s'appartient plus.

La bonté est plus molle que la méchanceté.
Conclusion : il faut savoir rendre la bonté énergique.

*
* *

Il n'y a pas de mérite à être malin et rusé, car les ânes le sont.

*
* *

Pour les penseurs, les hommes sont décevants.
En effet : la plupart d'entre eux ne savent faire ni l'analyse, ni la synthèse de leurs actes.
Exemple : celles de leurs intérêts présents ou lointains.

*
* *

Dans la vie commune, les défauts vulgaires équivalent à des vices.
Exemple : la violence, l'outrecuidance, l'irritabilité, la maussaderie, etc.
En effet : leur frottement constant, envenime tout ce qu'il touche.

*
* *

On peut être à la fois : un bon conseilleur, et un mauvais payeur.
Exemple : les beaux parleurs; ceux qui ont l'esprit plus orné que pratique.

L'amour spirituel et intelligent est le plus enveloppant des amours.

En effet : il fait vibrer tout notre être; et de plus c'est celui qui vieillit le moins.

*
* *

Il existe deux catégories de commandements de Dieu :

1° Ceux qui dérivent de la fatalité, et de la force des choses.

Exemples : les lois du combat pour la vie; — les conditions du succès; — les faits irrévocables ou qui peuvent le devenir.

Et 2° ses commandements écrits, avec lesquels on peut s'accommoder.

Conclusion : on ne doit pas plaisanter avec les premiers.

*
* *

Les gens sans jugement ne raisonnent pas, ne contrôlent pas, et ne concluent pas.

Ce sont des girouettes.

*
* *

On peut forger les idées, comme on forge le fer.

Exemple : en les passant sous le marteau des faits, ou des réalités.

Pour réussir dans la vie, il faut être des machines, ou des caractères.

Exemple : il faut être des rouages; ou des dompteurs d'hommes.

*
* *

Deux religions :

1° Eplucher, ou disséquer ses péchés.

2° Atténuer ses défauts, développer ses qualités; et en acquérir d'autres.

*
* *

Pour les natures inférieures, la supériorité est une gêne.

En effet : elle les incite à agir; elle leur fait envie, ou elle leur porte ombrage.

*
* *

L'avenir appartient à la simplicité.

En effet : vu la marche ascendante des besoins, la fatigue nécessaire pour les satisfaire, finira par lasser.

*
* *

« Primo vivere » (d'abord il faut vivre).

Soit : mais avant cela encore, il faut les qualités nécessaires pour y arriver.

Exemple : il faut du bon sens, ou ce qui s'en rapproche.

Pour que la vie soit correcte : il suffit d'être juste, solvable et serviable.

Comme cela, en effet, nul n'a le droit de se plaindre.

*
* *

Il n'est pas sage, d'aimer avec de la sensibilité.

En effet : on vibrerait trop.

Conclusion : il vaut mieux aimer, avec ses sentiments et avec sa raison.

*
* *

Si l'on ne peut avoir ce que d'autres possèdent, à quoi sert dès lors de s'en préoccuper?

Conclusion : la jalousie inutile, par exemple, est une stupidité.

*
* *

Comprendre trop vite les choses, empêche d'y penser.

En effet : vu le plaisir que cela cause, on a trop hâte de recommencer.

*
* *

La prière est le travail préféré, des natures faibles et molles.

En effet : elle les engourdit, les occupe et les berce.

Conclusion : connaître et faire son devoir est plus difficile, mais beaucoup plus pratique.

Les raffinements sont très agréables. Malheureusement, ils rendent trop difficile.
Exemple : les natures friandes ou mystiques.

*
* *

Il ne suffit pas de vouloir réussir.
Il faut encore briser ce qui empêche de le faire.
Exemple : la force d'inertie, de soi ou d'autrui.

*
* *

La simplicité accroît l'indépendance.
En effet : elle supprime l'esclavage des exigences mondaines.

*
* *

Seule, l'indulgence est aveugle, et dégénère en faiblesse.
Conclusion : il faut l'unir à la justice.

*
* *

« Il faut, dit-on, prendre les gens comme ils sont. »
Conclusion : avec le vulgaire, il est bon de se prémunir de gants ou de pincettes.
Exemple : pour prendre les natures viles, maussades ou venimeuses.

Si nos malheurs nous font rectifier nos défauts, il ne faut pas s'en plaindre.

En effet : ils trempent alors nos caractères; et nous rendent meilleurs.

Il est agréable de laisser un bon souvenir après soi.
En effet : il semble ainsi, qu'on ne meurt pas tout entier.

On forme son expérience, en observant les autres.
En effet : en constatant les torts qu'ils se font, on ne tient généralement pas à les imiter.

La philosophie scolaire est une science.
En effet : tout le monde peut l'apprendre.
Par contre : l'esprit philosophique est un don de naissance.
En effet : il est formé de justesse et d'investigation, ce qui ne se fabrique pas.

Les optimistes s'améliorent peu.
En effet : ils sont trop contents de tout; eux compris.

Pour ne pas être, ou pour ne pas paraître un sot : il faut savoir s'écouter parler.

Exemple : pour ne dire que ce qui convient, ou que ce que l'on veut.

***

On ne doit pas se laisser distraire de son but.

En effet : c'est la meilleure manière de l'atteindre, ou de se l'assimiler.

***

Au moral : les animaux domestiqués valent souvent mieux que les gens.

En effet : ils sont moins trompeurs et plus reconnaissants.

***

Le degré de perfectibilité des gens, peut servir à les juger.

En effet : plus on peut se perfectionner, plus il y a de chances de le faire.

***

Les qualités solides n'ont rien de bien brillant.
Exemples : le sang-froid, le bon sens, la droiture.
Par contre, les qualités brillantes sont rarement solides.
Exemples : la faconde; les gens décoratifs.

Le matérialiste est-il plus heureux, que celui qui croit à une vie meilleure?

Là cependant est la question : pour ceux qui se piquent d'idées humanitaires.

Il est plus commode de mentir ou de se tromper, que de chercher la vérité.

Conclusion : il y a plus d'esprits spécieux, que d'esprits justes et droits.

La solitude possède au moins un avantage.

En effet : elle nous délivre de la bêtise des autres, et de leur banalité.

Il faut choisir ses souvenirs.

En effet, pour ne pas gaspiller son temps : il ne faut pas qu'ils tombent dans la banalité.

Qu'est-ce qu'un utopiste?

C'est celui qui sacrifie le présent et l'avenir, aux hypothèses de son esprit.

La communauté des sentiments est charmante, sinon nécessaire.
Exemples : dans les intérêts communs, dans la sympathie.

* * *

A quoi reconnaît-on un homme supérieur?
A la profondeur de ses desseins, et à la justesse de ses actes.

* * *

La règle et l'habitude, dispensent trop de réfléchir.
En effet : par leur rythme constant et monotone, elles ont une tendance à assoupir l'esprit.

* * *

Chez le beau sexe : l'infériorité se dissimule mieux que chez le sexe laid.
En effet : chez le premier, les responsabilités sont moindres; et elles n'ont pas autant l'occasion de percer.

* * *

L'idéal doit s'appuyer sur la réalité.
En effet : par lui-même, il tend à s'envoler.
Exemples : les équivoques; les rêves vraisemblables.

Une âme sincère, est toujours attrayante.

En effet : elle nous intéresse et elle nous repose, comme un document.

*
* *

Les sentiments affectueux sont une combustion intime, qui réchauffe tout notre être.

Sans eux, en effet : le cœur est glacé.

*
* *

La meilleure des religions, est celle qui donne aux hommes leur valeur maxima.

Exemple : quand elles font des hommes, intrépides et forts, sans nuire à l'au-delà.

*
* *

Un grand esprit peut ne pas être érudit; et un érudit peut être un bien petit esprit.

Exemples : un spécialiste ou un pédant; le mérite inné.

*
* *

Beaucoup de gens en vue, n'ont d'autre mérite que leur situation.

Exemples : quand ils la doivent à l'ancienneté, au hasard ou à l'intrigue.

Matérialisme.

Le matérialisme empêche d'aimer foncièrement l'existence.

D'après lui, en effet : elle n'est qu'une fonction, comme celle des animaux, de la matière et des plantes.

Dès lors, à quoi bon naître? — S'attache-t-on complètement à ce qui est éphémère et impersonnel? — Est-on guéri de ses souffrances, parce que les étoiles brillent; ou parce que le soleil luit?

* *
*

La terreur du péché, paralyse l'existence.

En effet : elle nous fait toujours craindre de marcher sur des serpents.

* *
*

La bêtise des gens qui nous intéressent, fait plusieurs fois souffrir.

Exemples : 1° par ses appréhensions; — 2° par son contact; et 3° par la vision de ses conséquences.

* *
*

Un critique littéraire, militaire ou autre, peut ne pas avoir l'esprit philosophique.

En effet : il peut n'être qu'un commentateur.

Les théoriciens et les esprits superficiels s'imaginent volontiers qu'une chose est faite, quand ils l'ont désirée, comprise et ordonnée.

En effet, ils ignorent la lutte : contre les éléments, contre l'ignorance, ou le mauvais vouloir.

**

L'inconnu est une sirène.

En effet : il attire, parce que l'imagination l'embellit comme elle veut.

**

Finalement, il n'y a que ce l'on vaut qui compte.

Exemple : un homme âgé et frivole, ne vaut pas un jeune homme énergique et sérieux.

**

Se voir justement compris, cause un élan de sympathie.

En effet : cela forme un trait d'union, entre les cœurs et les esprits.

**

Pour qu'un discours ait de la valeur ; il faut qu'il laisse des impressions pratiques.

Autrement, en effet : il n'est que de la musique.

Les penseurs et les observateurs de profession, ont toujours de la besogne.

En effet : leur objectif est toujours supérieur à leurs forces.

*
* *

Il faut se méfier de l'ambition : quand elle ne provient pas de l'amour du bien, ou du désir légitime d'améliorer son sort.

En effet : elle prouve dès lors de l'envie, de l'orgueil, ou de la vanité.

*
* *

L'épouse idéale est vaillante, affectueuse, d'humeur agréable, de bon conseil; disciplinée et sûre.

*
* *

Une affection sans bon sens et sans jugement, n'est pas à désirer.

Exemple : l'affection motivée par l'orgueil, par l'amusement, ou par l'égoïsme.

En effet : elles coûtent finalement, plus cher qu'elles ne valent.

*
* *

La naïveté permet de sonder la nature humaine.

En effet : elle ne sait pas farder.

Pour les uns : les pensées, sont des images fugitives et sans valeur; des papillons qui passent.

Pour les autres : elles sont le résultat constant d'observations, d'études et d'efforts.

Exemple : chez les esprits studieux et profonds.

*
* *

Les pratiques religieuses, passent généralement avant la religion même.

En effet : on s'occupe ainsi pieusement, sans avoir l'ennui de s'améliorer.

*
* *

Il faut vérifier souvent, si ses idées concordent avec les faits.

En effet : c'est le moyen de les redresser, et de les contrôler.

*
* *

Tant que les hommes n'auront pas : la même économie, le même jugement, la même intelligence, la même force et la même ardeur : ceux qui leur parleront d'égalité, ne seront que des farceurs.

En effet : leur mérite et ses conséquences, ne pourront pas être égaux.

La plus belle des habitudes est de ne pas avoir d'idées arrêtées.

En effet : l'intelligence, dès lors, reste toujours ouverte, et l'on peut y choisir ce qu'il y a de mieux.

*
* *

Le Gaulois a l'esprit tellement actif, qu'il se fatigue promptement.

Conclusion : les forces lui manquent pour approfondir.

IV

Une femme sérieuse ne confie son intelligence et son cœur, qu'à celui qu'elle en juge digne.

Une femme d'esprit léger, se contente de se confier à celui qui lui plaît.

*
* *

La santé et la tranquillité, sont les premiers des biens.

En effet : elles permettent de se sentir vivre; et de penser à ce qui plaît.

*
* *

Les petits malheurs sont nécessaires, quand on sait en profiter.

En effet : ils apprennent alors, à se garer des grands.

A la longue : c'est l'esprit philosophique et l'esprit de suite, qui finissent par l'emporter.

En effet : ce sont ceux qui savent le mieux comprendre et persévérer.

***

Faire le bien pour gagner le ciel! c'est beau.

Faire le bien par grandeur d'âme! c'est moins intéressé.

***

Notre énergie doit être supérieure, à l'apathie des gens dont nous avons besoin.

En effet : il faut la vaincre ou l'annuler.

***

A la longue : on ne s'intéresse qu'à ceux qui nous écoutent.

En effet : on se fatigue vite, de ceux qui nous repoussent.

***

Sauf dans le cas de force majeure : on ne doit pas se laisser conduire par les événements.

En effet : on doit les prévoir, s'en servir; ou les canaliser.

Exemple : dans les affaires, privées ou publiques.

Le plus beau des commandements de Dieu :

« Fortifiez votre force et votre jugement : le reste viendra ensuite. »

*
* *

L'inquiétude pratique, est le commencement de la sécurité.

Exemples : la méfiance justifiée; la crainte de manquer, qui stimule l'effort.

*
* *

Pour plaire à tout le monde : il faut de l'habileté, ou de la médiocrité.

Avec cela, en effet : on ne porte ombrage à personne.

*
* *

Il ne faut se donner qu'à ceux sur lesquels on peut compter.

En effet : les grandes désillusions sont trop douloureuses.

*
* *

Dans toute foi exclusive et passionnée, il y a de l'arrogance.

En effet : cela prouve que l'on n'en distingue pas les côtés défectueux; et que l'on se croit supérieur à ceux qui ne l'ont pas.

Bien commander et être bien obéi; bien obéir et être bien commandé, sont des sources de jouissances.

En effet : cela permet de produire, tout ce que l'on peut donner.

* * *

Ergoter : n'est ni raisonner, ni même discuter. Mais, pour les esprits vains et superficiels, cela fait le même effet.

En effet : cela permet de parler fort; et de gesticuler.

* * *

Il est des qualités, qui ne s'improvisent pas.

On naît avec leur germe; mais on ne l'acquiert pas.

Exemples : la volonté, le jugement; l'esprit philosophique ou analytique.

* * *

On traite facilement de rêveurs : ceux qui voient plus haut, et plus loin que soi.

Exemples : quand on ne les comprend pas; ou quand ils nous ennuient.

* * *

La nature du cœur est d'être tendre et molle; et celle de l'intelligence, est d'être tranchante et sèche.

La question est de les amalgamer dans d'heureuses proportions.

Où se trouve le bonheur ?

Dans la sérénité de l'âme :
Exemple : chez les religieux, et chez les philosophes.

Ou encore : dans l'épanouissement normal de ses facultés.
Exemple : chez les artistes, et chez les savants.

Ou encore : dans l'exécution de ses habitudes.
Exemple : chez les esprits routiniers et bornés.

Ou encore : dans une affection sincère.

Ou encore : dans l'étourdissement.
Exemple : pour les mondains, pour les professionnels du plaisir.

Ou encore : dans l'indépendance.
Exemple : pour ceux que l'on opprime, ou qui sont dans le besoin.

Et pour ceux qui souffrent? — Dans la cessation de la souffrance.

*
* *

Les gens heureux par frivolité, sont pénibles à voir.
En effet : on voit combien ce bonheur est factice; et combien il coûte cher.

En dehors de son métier : l'homme ne cherche, en général, qu'à se distraire ou à se reposer.

De là son ignorance habituelle : dans les choses du moral, de l'éducation, et de la politique.

*
* *

La conversation des gens sans imagination et sans acquis, se borne à ce qu'ils ont vu et à ce qu'ils ont appris.

En effet : ils ne trouvent rien par eux-mêmes.

*
* *

Il est possible que l'égalité apparente, puisse suffire aux foules.

Exemple : l'égalité dans l'habillement, et dans les manières.

En effet : elles brillent peu, par l'analyse des idées et des faits.

*
* *

Le travail est brutal, et fatal comme un fait.

Il n'y a pas de politesse, à faire avec lui.

*
* *

Il est juste que les faibles cèdent leur place aux forts; afin que les affaires marchent convenablement.

Les esprits mystiques, poétiques ou romanesques, se complaisent dans ce qui est vague et problématique.

En effet : ils n'aiment pas à serrer les questions.

* *
*

Qu'importe le clapotage des vagues, au navire en marche!

Qu'importent les clabaudages du monde, à celui qui sait où il va!

* *
*

Le contact des esprits non pratiques n'est pas sain.

En effet : leur exemple peut devenir contagieux, et coûter trop cher.

Conclusion : mieux vaut aller vers ceux qui instruisent, et qui améliorent.

* *
*

Que penser de notre civilisation, qui fait de nous des chevaux de fiacre?

* *
*

Les casuistes, les théologiens, les idéologues, savent mieux épiloguer qu'agir.

Conclusion : ils n'entendent rien, aux combats pour la vie.

Exemple : aux lois de la lutte et de la concurrence.

Des Manières d'être.

On trouve :

1° Ceux qui semblent être à hauteur de leur tâche, et qui ne le sont pas;

Exemples : les vantards, ceux qui font plus de bruit que de besogne; les esprits brillants mais sans fond.

2° Ceux qui en ont l'air et qui le sont :

Exemple : les gens sérieux et expérimentés.

3° Ceux qui n'en ont pas l'air et qui ne le sont pas :

Exemple : les nullités.

4° Ceux qui n'en ont pas l'air et qui le sont :

Exemples : les esprits taciturnes et philosophiques; les gens capables et modestes.

Il faut donner de l'air à ses défauts, à ses passions et à ses désirs.

En effet : une fermentation trop close pourrait les faire éclater.

Exemple : le besoin de parler chez les commères et les bavards.

Les esprits forts fatiguent les esprits faibles.

De même, la lumière fatigue les mauvais yeux.

L'impulsivité sans discernement, n'est qu'une suite de faux départs.

En effet : elle manque de guide et d'objectif.

***

On fond le fer; on taille les pierres; mais on ne transforme pas les esprits étroits.

En effet : il n'y a pas de prise sur eux.

***

La civilisation actuelle déchaîne : les désirs, l'imagination, l'envie; sans pouvoir les assouvir.

Conclusion : elle corrompt les faibles, pour en faire des parias.

Exemples : la pauvreté envieuse et jalouse; les déclassés aigris; les vaincus et les révoltés, dont elle jonche le sol.

***

Pour connaitre les gens : il faut dresser leur compte.

A leur actif, on mettra : leur jugement, leur énergie, leur activité, leur savoir; et l'abnégation ou le dévoûment dont ils sont capables.

A leur passif, on inscrira : leur étroitesse d'esprit, leur vanité, leur ignorance, leur égoïsme, leur maussaderie et leur frivolité.

Le solde indiquera ce qu'ils valent.

Qu'est-ce que l'amitié?

Pour les uns : c'est l'union d'intérêts communs, la crainte d'être seul; ou de la camaraderie.

Pour les autres : c'est l'intimité, de l'esprit ou du cœur.

*
* *

La banalité ne sait que singer.

Exemples : les idées, les coutumes à la mode.

C'est pourquoi elle déplaît aux esprits éminents.

*
* *

Faire le bien pour lui-même, n'est pas un fait vulgaire.

Conclusion : cela n'est permis qu'aux esprits distingués.

*
* *

On est seul : quand ceux qui nous entourent, ne pensent pas comme nous.

En effet : on ne peut pas, dans ce cas, échanger ses idées.

*
* *

Pour vivre en paix avec autrui : il faut pouvoir, dans certains cas, se sacrifier à lui.

Exemple : il faut lui sacrifier sa morgue, et sa mauvaise humeur.

Il existe au moins, deux genres de bêtises :
Celle qui ne voit pas ce qui est.
Exemple : les esprits pauvres.
Et celle qui voit ce qui n'est pas.
Exemples : les visionnaires, les illuminés.

Ni faire, ni pas faire et empêcher de faire; ni reculer, ni avancer; se cabrer ou ruer : sont les manières habituelles des natures étroites, revêches et personnelles.

En effet : elles ne savent pas se diriger; et elles refusent de se laisser conduire.

Vu sa rareté croissante, l'honnêteté tend à devenir un capital.

En effet : les cas abondent, où il en faut à tout prix.

Le jugement et l'expérience doivent diriger nos actes, comme un bon capitaine dirige son navire.

En effet : il s'agit d'arriver au port.

Pour être relativement heureux : il faut savoir s'adapter à un but poursuivi.

De cette façon, en effet : on oublie que l'on vit.

Ce qu'il y a d'inconsistant, d'irascible, d'acariâtre, dans le beau sexe : provient de l'excès de ses instincts et de sa sensibilité, sur sa réflexion, sa raison, et sa volonté.

En effet : il ne sait ni analyser, ni philosopher.

De là, la difficulté pour lui, de se connaitre et de se rectifier.

*
* *

Les mots sonores, les beaux gestes, sont généralement trompeurs.

Exemples : l'étalage des sentiments et de l'affection; les belles promesses creuses; la faconde.

En effet : la certitude est naturellement forte, silencieuse et modeste.

*
* *

La solitude donne de la profondeur à l'esprit, quand il peut la supporter.

En effet : elle nous met en face du principe des choses; loin des sophismes humains.

*
* *

L'individualisme cause plus de ravages, chez la femme que chez l'homme.

En effet : l'individualisme atrophie surtout, les qualités du cœur et des sentiments.

Or, qu'est-ce qu'une femme, sans beautés intimes ?

Un arbuste flétri.

Une religion qui n'amende ni le caractère, ni la science de la conduite, est pour la terre au moins une doctrine sans valeur.

*
* *

Choquer des orgueilleux : est beaucoup plus grave d'après eux, que de choquer les autres mortels.
En effet : ils se prennent pour des privilégiés.

*
* *

On vit en général, plus pour le monde que pour soi.
Exemple : quand on sacrifie ses satisfactions intimes, au désir de paraître.

*
* *

Pour l'optimiste : la réalité est une quantité négligeable et nuageuse.
Ceux qui la lui rappellent, sont des gêneurs, ou des pessimistes.

*
* *

Notre tranquillité morale, ne doit dépendre de personne.
En effet : elle serait trop en danger.
Exemple : entre les mains des indifférents, des exploiteurs ou des prodigues.

De l'Éducation.

Facultés pratiques à développer :

Dans le caractère : l'énergie, l'initiative, l'esprit de suite; et l'aptitude aux responsabilités.

Dans l'esprit : la clarté et le jugement.

Dans l'intelligence : sa propre expansion; la philosophie de la vie.

Dans le cœur : le dévoûment mérité.

Pour la lutte de la vie : la prévoyance, l'expérience et le savoir; l'esprit d'association, qui fait l'union et la force; et l'esprit de suite, qui les fait durer.

Et dans le corps : la force, la souplesse; et surtout la santé.

* * *

Si « le cœur a des raisons, que la raison ne comprend pas » : par contre, les raisons du cœur, sont rarement la raison.

Exemple : un cœur prodigue.

* * *

Nos qualités sont les racines du véritable amour.

En effet : c'est d'elles qu'il tire sa force et sa durée.

Comme les papillons de nuit : nous brûlons nos ailes à ce qui brille, si la raison n'intervient pas.
En effet : ce qui brille nous attire.
Exemple : nos illusions et nos désirs.

*
* *

Le sacrifice du « moi » à une idée supérieure, est l'acte le plus haut que l'on puisse consentir.
Exemples : tout apostolat; se mettre de côté.
En effet : le « moi », c'est notre vie, ou une partie de nous-même.

*
* *

La sensibilité exagère les faits, les douleurs et les joies.
Conclusion : les sensitifs manquent souvent de jugement.
Exemple : quand leurs perceptions sont plus vives que la réalité.

*
* *

Oh! trop heureux les gens indépendants, s'ils connaissaient leur bonheur.
Exemple : ils connaîtraient le bonheur d'être privés de mauvais chefs.

Ou l'on veut influer sur sa destinée; ou l'on s'abandonne à elle.

C'est une question de jugement, et de caractère.

* * *

L'état d'esprit habituel d'un savant, est le travail et l'observation; le doute, et la preuve.

Celui de l'ignorant présomptueux, est la suffisance, la paresse et la morgue.

* * *

Il faut de l'audace et de la prudence, dans la mêlée de la vie.

En effet : elles servent d'épée, et de bouclier.

* * *

Les bavards, les coquettes, les gens futiles ou décoratifs, donnent l'impression d'oiseaux affairés.

En effet : ils ressemblent à des serins en cage.

* * *

Pour les paresseux et pour les petits esprits : l'habitude est le bien; et le mieux est un mal.

En effet : le mieux nécessite de l'effort d'esprit.

Comme l'or pur : la tendresse et l'amour, sont trop mous par eux-mêmes.

Pour les rendre utiles : il faut les allier à des qualités plus compactes.

Exemple : au travail, à la raison; à l'esprit positif.

*
* *

On peut supporter les esprits revêches et personnels; mais on ne peut pas les aimer.

En effet : l'affection demande du liant et de l'abandon; de l'ardeur et de la souplesse.

*
* *

A quoi sert donc la passion de l'égalité?
A s'enfler plus que l'on ne peut.

*
* *

Il est instructif de constater l'effet que l'on produit.
En effet : on voit ainsi, ce que l'on mérite.
Exemple : si c'est de la raillerie, de l'estime ou du mépris.

*
* *

En principe : les impulsifs vivent longtemps.
En effet : leurs ennuis glissent sur eux, sans les pénétrer.

L'invention raisonnée, vient de l'observation et de la réflexion.

En effet : l'on perçoit avec l'observation; et avec la réflexion, l'on généralise ou l'on déduit.

***

Un plaisir sérieux que l'on tient, en vaut cent que l'on cherche.

En effet : il est difficile et rare de pouvoir en acquérir.

***

Sur le soir de la vie : il est bon de se détacher des choses de la terre.

Exemple : pour les quitter plus facilement.

***

Les idées géniales passent dans l'esprit, comme de rapides oiseaux.

Exemple : les intuitions, les inspirations.

Conclusion : il faut savoir les saisir au vol.

***

Eprouver les mêmes sentiments que quelqu'un : c'est communier avec lui.

La force des choses est la meilleure des éducations.
En effet : elle brise fatalement les révoltes inutiles.

La mort de ceux que l'on aime, nous fait connaître la vie.
En effet : on voit alors, à quoi tient celle-ci : et la fragilité de ce qui attache à elle.

L'homme insouciant est en apparence plus heureux, que celui qui prévoit.
En effet : le présent lui suffit; mais il n'obvie pas aux dangers qui le guettent.

* * *

Plus on est nombreux, plus il faut se gêner.
En effet : plus grand est le nombre de ceux qu'il faut contenter.

* * *

On aime : par sympathie, pour échanger ses idées et ses sentiments, par habitude, par horreur de la solitude, par intérêt; ou par instinct sexuel.
Nota : Ces attractions se mélangent, et se combinent à l'infini.

Le sommeil demande de la tranquillité.

C'est une raison sérieuse, pour s'en procurer.

Un véritable homme et une vraie femme, sont fort bien assortis.

En effet : une femme sérieuse et souple admet, en principe, la suprématie de l'homme.

Isolée, l'imagination vogue à l'aventure : c'est un ballon sans lest.

Pour en tirer tout le parti possible : il faut l'unir à l'étude, et au raisonnement.

Finalement : c'est le soleil, qui moule le moral et les actes des hommes.

Exemple : l'énergie, l'activité physique et morale, des gens des pays frais; la langueur, le far niente, des gens des pays chauds.

L'observation impartiale est un bon préservatif, contre les erreurs.

En effet : c'est elle qui permet la clarté du jugement.

Ce qui fait tressaillir, émotionne plus que ce qui distrait.

Exemple : les tragédies et les drames, nous émotionnent plus que les comédies.

En effet : les commotions physiques ou morales, sont plus saisissantes et plus profondes, que les vibrations de l'esprit.

*
* *

Si c'est très bien de remplir sa tâche : il est mieux encore, de s'y donner tout entier.

En effet : cela permet de mieux l'accomplir.

*
* *

Une tête froide n'exclut pas la chaleur du cœur.

Au contraire, elles s'aident et se complètent mutuellement.

Exemple : une tendresse motivée.

*
* *

« Plusieurs individus, ont moins de chances de se tromper qu'un seul. »

Observation contraire : « Un qui sait, vaut mieux que cent qui cherchent. »

En effet : l'âme collective des foules est moins sensée, qu'un esprit positif et documenté.

Exemples : dans les paniques; dans les questions politiques.

Pour les impulsifs : toute attention soutenue, tout raisonnement, sont pour eux une gêne sinon une répulsion.

Par contre : tout élan est pour eux, une satisfaction.

En effet : leurs pensées et leurs actes, sont des détentes instinctives ou nerveuses.

* * *

L'ivresse des louanges, est particulièrement chère aux esprits orgueilleux ou frivoles.

En effet : elle gonfle les premiers; et berce les seconds.

* * *

« On ne s'appuie que sur ce qui résiste. »

Conclusion : on ne s'appuie pas, sur une obéissance passive et sans vie.

* * *

L'affection seule est une liane.

Pour qu'elle ne rampe pas, il lui faut un appui.

Exemple : de la droiture et de la force.

* * *

On éprouve un malin plaisir, à se sentir supérieur aux plus puissants que soi.

En effet : cela rétablit l'égalité.

Le bon sens n'est pas le jugement.

En effet : le bon sens est une faculté passive et innée; et le jugement est le résultat d'inductions ou de déductions exactes.

* * *

Avec le goût et la pratique du danger : on se débarrasse de la crainte de la mort.

En effet : on s'habitue à jouer avec elle.

* * *

Les conseils sont excellents : mais à la condition de les contrôler.

En effet : leurs applications changent avec les hommes, et les circonstances.

* * *

La beauté pratique est plus intéressante, que la beauté idéale et poétique.

Exemple : une charmante femme pratique, est plus intéressante qu'une charmante femme mystique.

* * *

« E finita la commedia » :
Est une pensée gaie et calmante, pour la fin de sa vie.

Il faut apprendre à se commander.
Exemple : pour obéir au nécessaire.

***

On ne devrait jamais être seul : quand l'on se trouve en face de soi-même.
En effet : nul ne peut autant nous apprendre, et nous intéresser.
Exemple : quand on analyse ses perceptions.

***

L'esprit a besoin de liberté.
Exemple : pour fuir la sottise, ou pour se dilater.

***

L'attraction du mieux, agrandit l'esprit.
En effet : elle le force à se développer, pour chercher à l'atteindre.

***

Un esprit opiniâtre et pondéré, l'emporte tôt ou tard sur la témérité.
De même : l'organisation, l'emporte sur l'enthousiasme.
En effet : les calculs sérieux sont plus sûrs, que les entraînements.

L'étude et l'observation, nous font éprouver les plaisirs du chasseur.
En effet : elles nous procurent l'émotion des recherches.

*
* *

Qu'est-ce qui soude la pensée, aux lois physiologiques?
Quels sont les rapports, qui existent entre elles?
Le secret de la vie, se trouve dans les réponses.

*
* *

La sagesse aime ses aises; et parfois même trop.
Exemple : quand elle nous incite à jouir de la vie.
En effet : trop de jouissance nous anémient.

*
* *

Il faut veiller à ses sensations, pour ne pas en être la dupe ou l'esclave.
En effet : elles sont impulsives; et ne raisonnent pas.
Exemple : ce qui plaît, ou ne plaît pas.

*
* *

Les faits et les réalités, ont eux aussi leur philosophie.
Exemple : leurs causes présentes et lointaines, visibles ou cachées.

Comme la flamme : l'esprit a besoin d'aliment.
En effet : il a besoin, d'aspirations et d'ardeur.
Exemple : d'enthousiasme et de désirs.

*
* *

L'affection profonde, n'est pas une sinécure.
En effet : elle demande l'emploi habituel, des facultés morales et intellectuelles.
Exemple : elle demande de comprendre ce qui est agréable ou utile.

*
* *

La démocratie manque de freins.
Conclusion : les pentes trop raides, lui seront funestes.
Exemple : son penchant vers l'individualisme.

*
* *

Pour parler d'abondance : il faut sentir que l'on plaît, ou que l'on est compris.
En effet : cela vaut alors la peine, de développer ses idées.

*
* *

La sensibilité n'est qu'un frisson.
Exemple : une impression nerveuse qui passe.

Quand on n'a pas de ressources en soi : il faut bien aller en chercher ailleurs.

C'est ce qui fait les mondains, les bavards, le goût du plaisir, et les imitateurs.

*
* *

Compatir et consoler : font naître l'amitié.

En effet : cela touche le cœur, et cela repose l'esprit.

*
* *

A la longue : les théocraties détruisent les religions.

En effet : vu la personnalité et l'orgueil de l'homme : elles se substituent tôt ou tard, à la Divinité.

*
* *

L'amabilité la plus commode, est celle dans laquelle on ne pense pas ce que l'on dit.

En effet : elle n'exige ni l'effort du cœur, ni celui de l'esprit.

*
* *

Les exaltés peuvent réussir, là où les sages échouent.

Exemples : dans les entreprises téméraires ; là où le hasard domine.

Une bonté active et banale, peut donner l'illusion de qualités absentes.

En effet : elle ressemble de loin : à l'amour, à l'affection, au renoncement; et à la grandeur d'âme.

Exemples : la bonté sans le don de soi; celle des gardes-malades.

*
* *

Nul ne pense à enseigner au peuple, la science de la conduite.

Conclusion : ne connaissant que ses besoins, il n'obéit qu'à eux.

*
* *

La satisfaction de ses goûts est préférable à celle des honneurs.

En effet : celle-ci est plus brillante; mais l'autre est moins creuse.

*
* *

Nos yeux sont le principal intermédiaire entre l'extérieur et nos pensées.

Ils sont en même temps, un instrument d'optique.

Conclusion : notre manière d'être, doit se ressentir de leur forme et de leur perfection.

Exemple : les mœurs de l'aigle et du hibou, se conforment à leurs yeux.

Il n'est pas bon de sacrifier : l'avenir au présent, ni l'ensemble au détail.

En effet : les premiers sont faits pour contenir les seconds, et les seconds ne sont pas faits pour contenir les premiers.

*
* *

Plus une tâche est difficile et périlleuse : plus il faut pouvoir ne compter que sur soi.

En effet : moins on est suivi; et plus les décisions rapides et sûres deviennent indispensables.

*
* *

La perspicacité des autres, nous trouble et nous inquiète.

En effet : on se demande toujours ce qu'elle veut; ou ce qu'il faut lui cacher.

*
* *

L'idéal est une sirène.

En effet : il nous attire, sans satisfaire nos espoirs; heureux encore, quand il n'entraîne pas.

*
* *

Chacun sort de lui-même comme il peut.

Exemples : par le travail, ou par l'agitation; par le commérage, ou l'observation; par la bassesse, ou la beauté morale.

Ce que l'homme voit le plus difficilement : c'est le nœud des questions; la cause des choses; la clef des situations.

De là résultent en partie, ses nombreuses déceptions.

*
* *

Les calculs, le raisonnement, peuvent entraver les élans du cœur.

Par contre : ils lui donnent plus de sécurité.

Exemple : quand ils entravent sa prodigalité.

*
* *

Le propre des natures personnelles, est de s'imposer aux autres; et de les éteindre, si l'on n'y prend pas garde.

En effet : elles se figurent que l'on est créé pour leur bon plaisir.

*
* *

Aimer : n'est souvent que l'horreur de la solitude.

Exemple : quand on se cramponne aux gens pour pouvoir l'éviter.

*
* *

Les gens pratiques, sont à l'affût de tout ce qui est utile.

Conclusion : ils n'ont pas le temps de s'ennuyer.

Avec des pensées qui plaisent, de la tranquillité et de la santé : on peut se déclarer en somme satisfait.

En effet : les jours s'écoulent ainsi, sans chocs et sans souffrances.

De belles qualités, peuvent causer de grandes fautes.
Exemple : une bonté, une générosité, une piété outrées.

La disposition à croire, est le contraire du goût de contrôler.
Conclusion : entre les visionnaires et les gens positifs, l'entente n'est guère possible.

Ce qui plaît, est souvent contraire à nos intérêts.
Exemple : la paresse, le désir de paraître.

On reconnaît les esprits pauvres : à ce qu'ils ne savent rien créer.
En effet : ils ne savent tout au plus, que raconter ou imiter.

Pour contre-balancer nos défauts et nos fautes : la recherche de ce qu'il faut, doit nous dominer.

En effet : on veillera dès lors, à les réparer.

*
* *

Tout passe : les utopies, comme le reste.

Ce qui importe donc : c'est de savoir s'en garer.

*
* *

Les gens frivoles et les orgueilleux, dédaignent les philosophes.

En effet : ce sont pour eux des importuns, ou des misanthropes.

*
* *

Pour être persuasif : il faut être psychologue.

Exemple : pour trouver les mots qui vont directement au cœur ou à l'esprit.

*
* *

La frivolité, la personnalité, l'orgueil : ne savent pas raisonner.

En effet : ils ne comprennent que le « moi », et ses impulsions.

Le mal est plus facile à faire que le bien.

Exemple : la paresse est plus commode, que la diligence.

Dans les emplois fixes ou sans concurrence; dans les sinécures : l'initiative est un trouble-fête.

En effet : elle empêche la somnolence, et les bonnes digestions.

Exemple : chez les bureaucrates; dans toute fonction passée à l'état de routine.

En principe : l'homme sensé et réfléchi est une perle devant des pourceaux.

En effet : généralement, on lui préfère les rhéteurs ou les sophistes.

Exemple : dans les assemblées, dans les affaires publiques.

* * *

Les hommes ne sont pas assez sots, pour se faire sciemment du tort à eux-mêmes.

En effet : ils pèchent beaucoup par l'ignorance des suites de leurs actes.

De là, la nécessité de les leur faire comprendre.

Quand quelqu'un déplaît : il serait bon d'en trouver le pourquoi.

Exemple : pour savoir à quoi s'en tenir, et pour ne pas l'imiter.

*
* *

On dirait : que la tension de l'esprit réside au dessus et près des yeux; et que l'imagination se trouve sous le haut du front.

En effet : c'est là que se reportent nos pensées, dans l'un ou l'autre cas.

*
* *

Comme si la fermentation des idées et des choses, dépendait des habitudes ou des pensées toutes faites!

Comme si les lois de la nature et la force des choses, dépendaient de notre volonté!

Et cependant l'on agit généralement, comme si cela était.

Exemple : quand on substitue son « moi » à la réalité.

*
* *

Une affection qui ne sait pas se rendre aimable, est une sotte affection.

En effet : elle devrait se rendre compte, qu'elle ne peut pas durer.

Les passions de l'égalité et de la vanité valent-elles le surmenage qu'elles causent? — Assurément non.

Comment doit-on donc appeler, ceux qui les excitent sciemment?

* *
*

L'on n'est réellement fort, que lorsqu'on est capable d'exposer sa vie.

Dans ce cas, en effet : l'adversaire peut craindre d'exposer la sienne; et cela le fait réfléchir.

* *
*

Dans la lutte : la bonne volonté seule, est une épée sans lame.

En effet : ses coups ne transpercent pas.

* *
*

L'affection et le respect, ne s'obtiennent pas par les mêmes moyens.

En effet : la mollesse du cœur, suffit à la première; mais le respect exige des preuves, et du raisonnement.

* *
*

En général, le vulgaire considère les choses : par intérêt ou par curiosité.

Les esprits philosophiques, les considèrent en sus, pour se les expliquer.

En principe : l'anémie de la volonté, vient de la famille ou de notre situation.

Exemple : elle résulte d'une jeunesse ou d'une vie comprimées.

*
* *

En général, on aime par égoïsme.

Exemple : pour les distractions, ou pour les avantages que l'on nous cause.

En effet : l'on pense peu à aimer les gens, pour leurs qualités.

*
* *

En somme : le mysticisme et l'extase ne sont bons, qu'à nous rendre impropres à la lutte pour la vie

En effet : l'existence actuelle doit être faite tout d'abord, d'expérience et d'action.

*
* *

L'exercice que l'on s'impose, fortifie la volonté.

En effet : il développe par suite, l'empire sur soi-même.

*
* *

Pour ceux qui ne voient que ce qui leur plaît : les roses sont sans épines.

Du Signe.

Le signe (l'habit, l'apparence, la forme, etc.), l'emporte rapidement sur la chose signifiée; c'est-à-dire sur le fond, sur la conscience, ou sur le but à atteindre.

Exemples : les notes pour la Musique; les rites pour les Religions; la caserne et les parades, pour l'Art de la guerre.

Conclusion : il faut se garder de donner aux signes, plus d'importance qu'ils n'en méritent.

Nous ne sommes jamais contents, de ce que nous possédons. Et ce que nous admirons le plus, c'est ce dont nous manquons.

En effet : nous en ignorons les inconvénients.

On peut toujours être relativement heureux.

Exemples : par l'indifférence, pour l'inévitable; en se contentant de ce que l'on a; et en supprimant ses besoins factices.

Les beaux, les grands parleurs : ne seront jamais des penseurs.

Pour eux, en effet : l'ampleur ou les formes, passent avant le fond.

*
* *

Heureux ceux qui vivent avec des gens, qui savent s'améliorer!

En effet : leur contact devient de plus en plus agréable.

*
* *

Il vaut mieux être amusé par les autres, que de les amuser.

En effet : cela demande moins de frais.

*
* *

L'homme supérieur, l'homme qui cherche à s'élever, n'est jamais complètement satisfait de lui-même.

En effet : il sait que l'on peut toujours mieux faire, sans jamais être parfait.

*
* *

Les compliments ne devraient plaire : que lorsqu'ils sont la constatation de ce qui doit être.

En effet : la flatterie, dès lors, ne serait plus à craindre.

En théorie : les femmes de méchante humeur, sont un contre-sens.

Malheureusement, dans la pratique : elles sont loin d'être rares.

*
* *

L'existence n'est qu'un prêt.

En effet : elle appartient à notre constitution; et au hasard des événements.

*
* *

L'idée du bonheur s'est déplacée.

En effet : au lieu du grand air, et du plaisir d'être soi : on leur préfère la sujétion, et la vie renfermée.

*
* *

Il est parfois amusant, de voir les gens dissimuler leurs mauvais sentiments.

Exemple : en constatant leur honte.

*
* *

Faire les choses, est plus difficile que de les comprendre.

Dans ce cas-ci, en effet : il suffit de les concevoir; mais dans celui-là : il faut de plus savoir les manier.

Exemple : comprendre une machine est plus facile, que de la fabriquer.

Puisque l'exportation est la principale source des richesses : que feront les peuples exportateurs, quand ceux qui importent, n'auront plus besoin d'eux?

Ils feront machine en arrière; et ils reviendront à des mœurs plus simples ou à la terre, qu'ils n'auraient pas dû quitter.

* *

Nous accusons volontiers la fatalité, de nos erreurs voulues.

Exemple : quand elles sont la suite de conseils repoussés.

* *

La perfection absolue, n'étant pas de ce monde : il faut se contenter d'une perfection relative.

Exemple : d'une droiture pratique.

* *

L'amour, sans la fusion des âmes, est querelleur et maussade.

En effet : il est fait d'aspérités et de récriminations.

* *

La résignation et la politesse ne sont pas de la condescendance.

Exemple : dans les révoltes qui couvent.

La bonté peut s'allier à tous les vices.

En effet : par elle-même, elle est dépourvue de volonté et de direction.

Exemples : l'orgueil et l'égoïsme bonasses; une bonté aveugle.

*
* *

La médiocrité utile, finit par l'emporter sur la beauté nuisible.

Exemple : une bonté avare devient plus estimable, qu'une bonté prodigue.

V

De toutes les autorités connues : celle du « bon père de famille », est la meilleure et la plus sûre.

Conclusion : si le vulgaire avait du bon sens, il l'exigerait de ses mandataires.

*
* *

En dehors de leur spécialité : les savants se trompent, comme les ignorants.

Conclusion : la science n'a pas sur l'individu, une influence suprême.

Le jour où l'humanité périra : il disparaîtra plus de mal que de bien.

En effet : il disparaîtra plus d'idées futiles ou fâcheuses, que d'idées justes et profondes.

*
* *

La science proprement dite, repose sur des faits ou sur des chiffres; et la science de la vie repose sur les facultés intimes.

Exemple : la science de la vie repose sur la psychologie, et sur la justesse et la clarté de l'esprit.

Conclusion : leur nature n'est pas la même.

*
* *

Il est toujours plus facile d'être gracieux avec les indifférents, qu'avec ceux que l'on aime ou qui nous intéressent.

En effet : l'on doit dire aux seconds leurs vérités; et il suffit d'être poli, envers les premiers.

*
* *

Les naïfs et les sots, prennent facilement l'indifférence pour de l'amabilité.

Exemple : quand on les regarde débiter leurs âneries, sans les écouter.

Si l'on était convaincu, que l'on n'a droit qu'à ce que l'on mérite : on se lamenterait moins; et l'on travaillerait plus.

* * *

Quand les hommes ne savent pas se conduire : c'est la fatalité qui prend leur place.
Exemple : dans les faillites privées, politiques et sociales.
En effet : les situations fausses, ne peuvent pas durer.

* * *

Pour convaincre les hommes : il faut tout d'abord, déraciner leurs préjugés, et leurs partis pris.
En effet : c'est ce qu'il y a de plus tenace en eux.

* * *

Il vaut mieux consulter son estomac que sa langue.
En effet : c'est moins raffiné, mais plus sain.

* * *

Pour tous ceux qui ont l'esprit étroit (sots, frivoles, naïfs, vaniteux, etc.), les pensées ne sont ni des inductions, ni des déductions, ni des observations. Ce sont des impulsions.
En effet : leurs idées se heurtent et se pressent; mais elles ne s'enchaînent pas.

Il faut garder ses tristesses pour soi; et réserver sa gaîté pour autrui.

En effet : c'est le moyen de ne pas ennuyer.

*
* *

Il devrait y avoir un endroit, où le génie sans ressources pourrait prendre son essor.

En effet : trop de bonnes idées sont étouffées, par jalousie, par indifférence, ou par découragement.

*
* *

On peut être à la fois : un bon spécialiste, et un homme médiocre.

Exemple : quand l'on n'est qu'une machine, sans idées à soi.

*
* *

C'est dans la psychologie, que doit être la base de l'éducation.

Exemple : dans un enseignement qui amuse; ou dans le mordant, du savoir et de l'esprit.

En effet : il s'agit de buriner dans l'esprit, ce que l'on veut apprendre.

*
* *

Finalement : l'égoïste est assommant.

En effet : au fond, il ne voit que lui.

De la Croyance.

En général, nous sommes conduits par la croyance.

En effet : les croyances ne deviennent des certitudes, que lorsque la preuve en est faite.

Il y a deux sortes de croyances :

1° Celles qui nous sont suggérées :

Par l'éducation.
Exemple : quand on croit être dans le vrai, en pratiquant ce que l'on nous a appris.

Par l'imitation.
Exemple : quand on croit qu'il est bien d'imiter son prochain.

Par notre bêtise.
Exemple : quand on croit ce qui est faux.

Par nos passions.
Exemple : quand l'on croit que l'on peut s'y laisser aller.

Par l'imagination.
Exemple : quand l'on obéit à ce qui nous attire.

2° Celles qui sont justifiées.

Exemples : celles qui viennent de l'expérience acquise,

— de la logique des choses et des faits, — du maximum des probabilités ou des analogies, — et surtout de l'appréciation de la cause des choses.

Conclusion : dans le premier cas, on subit l'influence de ses instincts ou d'autrui; et dans le second l'on subit celle de son savoir et de son intelligence.

*
* *

Le physique dépend du moral; et réciproquement.
Conclusion : le premier profite de la culture du second.
En effet : l'hygiène morale ne nuit pas au physique.
Exemple : quand elle veille à son harmonie et à sa santé.

*
* *

Le ricanement, est la repartie favorite, des ignorants et des niais.
En effet : il dispense de répondre et de penser.

*
* *

L'on se trouve dans des situations ou l'on n'a : ni ordres à recevoir, ni conseils à demander.
Exemple : devant le danger, ou devant l'imprévu.
Conclusion : l'on doit donc pouvoir ne compter que sur soi; et il faut s'y dresser.

Le beau style : c'est de la force ou du goût; et le goût, c'est de la distinction.

*
* *

Avec de l'esprit et du tact : on égaye la vie des autres; et on les rend aimables.
Exemple : en leur parlant avec humour, de ce qui les intéresse.

*
* *

L'existence intime, est fort agréable.
En effet : les contradictions n'y sont pas à craindre; et l'esprit y est libre de penser à ce qu'il veut.

*
* *

Pour bien se juger : il faut regarder ses pensées et ses actes, comme ceux d'un étranger.
En effet : on a dès lors plus de chances de rester impartial.

*
* *

La paix sociale n'existera : que lorsqu'une égalité irréductible régnera parmi les hommes.
Exemple : quand l'égalité apparente existera entre eux.
En effet : toute vision contraire excite leur convoitise.

La science seule, fera-t-elle le bonheur des hommes?

Ce n'est pas probable : car elle ne satisfait pas la poésie de l'esprit; ni celle du cœur et des sentiments.

*
* *

L'affection intelligente s'efforce de rendre heureuse, la personne aimée.

En effet : elle n'ignore pas, que c'est le meilleur moyen d'être payé de retour.

*
* *

Le progrès moral n'intéresse pas autant que le progrès physique : parce qu'il ne se cote pas à la Bourse, comme les valeurs et les denrées.

*
* *

La vie est un plaisir, quand nos occupations sont un attrait.

En effet : on ne voit dès lors que ce qui plaît, sans se douter que l'on vit.

*
* *

Actuellement : le mariage est plutôt une association d'intérêts, qu'une affaire intime.

En effet : vivre en soi passe de mode; et l'on cherche surtout, à se fuir soi-même.

Moralement et physiquement : la femme est créée en vue de la reproduction.

Or : l'intelligence, l'amour du bien-être, la difficulté de vivre, l'ingratitude croissante des enfants, atténuent cet instinct.

Conclusion : la dépopulation, est de plus en plus probable.

*
* *

Une logique trop prompte est une calamité.
Exemple : celle des Gaulois.
En effet : trop souvent, la vraisemblance leur suffit.

*
* *

L'explosion des sentiments, est la plus belle des éloquences.

En effet : elle nous montre ce qui émeut la nature humaine.

*
* *

Entre ceux qui obéissent à leurs instincts ou à leur imagination, et ceux qui obéissent à leur raison : la paix n'est guère possible.

En effet : les premiers agissent par à-coups; et ceux-ci par calculs, et par réflexion.

Les mirages attirent plus les visionnaires, que la réalité.

En effet : les rêves et le vague de l'esprit, les fatiguent moins qu'elle.

***

Ceux qui sont toujours dans le ciel, ne doivent pas se plaindre, s'ils ne réussissent pas.

En effet : on ne peut pas être en même temps, à deux endroits à la fois.

***

Des Idées.

Les besoins de nos organes créent les instincts.

Exemple : l'estomac crée l'appétit; les membres, créent le besoin de s'en servir; et le cerveau, crée le besoin de penser.

D'autre part : l'imagination, la mémoire, la généralisation, la tendresse, etc., perfectionnent ces instincts.

Exemple : l'appétit se raffine, avec la bonne cuisine; et le besoin de sociabilité se perfectionne, avec celui de l'affection.

Conclusion : les idées, et par suite l'idéal qui est leur suprême limite, ne seraient donc que des besoins multipliés et perfectionnés, par leur propre rayonnement.

Faute d'esprit investigateur ou philosophique : on passe trop souvent à côté du mérite.

Exemple : à côté des intelligences originales et profondes; ou à côté des idées fécondes.

Conclusion : on éteint par cela même le génie, et l'on en manque quand il en faudrait.

Exemples : l'Armée française en 1870; les partis dépourvus d'initiative et de psychologie.

En éducation : il faut traduire ses idées en images.
En effet : l'esprit les perçoit alors, selon sa nature et ses dispositions; et il ne regimbe pas, contre l'oppression.

On reconnaît les natures personnelles et orgueilleuses : à ce qu'elles ne croient que ce qui leur plaît; à ce qu'elles n'admettent pas ce qui leur déplaît; et à ce qu'elles se substituent à ce qui est.

En effet : elles ne voient qu'elles partout.

Que faut-il donc faire dans la vie?
Il faut cultiver au maximum, ce qui nous est utile (facultés, caractère, affections, etc.); et prendre allègrement son parti du reste.

On devrait apprendre à ne pas craindre la mort.
En effet : cela tremperait les caractères; et cela nous rendrait plus audacieux et plus forts.

* * *

Les idées à soi, sont plus rares qu'on ne croit.
En effet : elles nécessitent un esprit créateur.

* * *

En dehors du droit : l'argent n'a pas de prise, sur les natures élevées.
Exemples : sur l'amour de la liberté, sur le dévouement, sur la délicatesse; et sur la fierté.

* * *

Pour être vraiment intéressant : il faut être à la fois, impartial et compétent.
En effet : la conversation devient dès lors, confiante et utile.

* * *

Une manière d'aimer :
Je veux que tu sois à moi; je veux profiter de toi; et je t'aime pour cela : mais ne voulant pas que tu me gênes, je ne veux pas être à toi.

L'on n'est pas intelligent : quand c'est la routine, les instincts, ou les souvenirs qui nous mènent.

En effet : le propre de l'intelligence est de manœuvrer par elle-même, et selon les circonstances.

*
* *

Les finesses et les ruses de la bête, ne manquent pas aux sots ou aux ignorants.

Exemple : celles qu'il faut, pour satisfaire leurs appétits et leurs instincts.

*
* *

Nul ne peut se soustraire : à la fatalité, aux lois de l'univers; ou à la force des choses.

En effet : dans le domaine des faits, « la force prime le droit ».

Conclusion : en organisation et en mérite, il faut être égal ou supérieur à son mortel ennemi.

*
* *

L'individualisme est trop égoïste; trop sec, et trop froid. Les élans de l'âme, sont autrement féconds.

Exemples : le dévouement utile, l'esprit de charité; « l'union qui fait la force ».

Chacun sait des choses, que les autres ignorent.
Conclusion : mieux vaut écouter les gens, que de les contredire.

* * *

Morale douteuse, mais juste :
Il vaut mieux manger les autres, que d'être mangé par eux.

* * *

Une épitaphe à mériter :
« Ici gît X...
» Il a toujours intéressé les autres,
sans jamais les ennuyer. »

* * *

La vie a du bon, quand on fait ce qu'il faut.
En effet : la satisfaction que cela donne, atténue nos ennuis.
Exemple : une belle récolte méritée.

* * *

L'inutilité agréable ne doit être qu'un dessert, ou une récréation.
En effet : actuellement, « le temps c'est de l'argent ».

Les esprits philosophiques voient des choses, dont le vulgaire ne se doute pas.

Exemple : les idées fausses et leurs causes.

Conclusion : ils en éprouvent des tristesses, que le vulgaire n'a pas.

*
* *

Puisque nos péchés viennent de notre mollesse, et de notre manque de droiture : le devoir des religions, serait tout d'abord de corriger ceux-ci.

*
* *

Ceux qui s'ignorent, ressemblent à des gens ivres.
En effet : ils ne savent pas se conduire.

*
* *

Tout ce qui existe est une source de causes et d'effets.
Conclusion, pour le philosophe : tout ce qui existe peut être intéressant.

*
* *

Ceux qui souffrent de nos défauts, sont moins amusants, que ceux qui les ignorent.

En effet : la souffrance n'a pas le don, de rendre les gens aimables.

Les gens naïfs sont tout étonnés, des colères qu'ils provoquent.

Exemple : des colères que soulèvent leurs sots entêtements.

Vu l'accroissement constant de leurs appétits, au lieu de se battre pour la gloire, les hommes se battront pour les assouvir.

Exemple : comme des loups affamés.

Pour combattre efficacement les utopies : il faut faire toucher du doigt, leur absurdité.

En effet, à tête reposée : l'homme ne demande que le repos, et la tranquillité.

Le sectaire est un individu, dont le cerveau s'est ossifié.

En effet : tous les raisonnements glissent sur lui, sans le pénétrer.

Il est toujours intéressant : de se documenter sur soi, et sur les événements.

En effet : cela élargit, ou éclaircit nos vues.

Le mariage est une fonction.

Conclusion : en celle-là comme en toute autre, il faut apprendre à connaître son métier.

Exemple : l'art de se comprendre, et de s'arranger au mieux.

*
* *

Il n'est ni vrai ni sain, de voir toutes choses en noir.
Il est plus exact, de les voir en gris.

*
* *

Agir, produire utilement, ne permettent pas de s'ennuyer.
Avec un peu d'amitié, cela devrait même suffire.

En effet : l'esprit ainsi, est plusieurs fois satisfait.

*
* *

La charité, n'est pas de l'affection.

En effet : la grande affection, est l'art de se donner.

Or : la charité est le plaisir d'être bon; ou l'espoir d'être récompensé.

*
* *

La religion modèle est celle qui adapte le mieux l'idéal, aux exigences de la vie.

Exemple : celle qui unit le culte de la droiture et de l'au-delà, aux lois de notre nature.

La sérénité des animaux qui ruminent, n'est pas à dédaigner.

Les agités et les surmenés, ne la connaissent pas assez.

* * *

Un des pires orgueils, est celui de se croire plus capable qu'on ne l'est.

Avec lui, en effet : l'on est toujours en dessous de ce qu'il faudrait.

* * *

Le jugement avec des défauts vaut mieux, que des qualités sans jugement.

En effet : c'est lui finalement, qui nous sert de lest.

* * *

Comme nos autres facultés, le jugement demande à être cultivé.

On y arrivera : en voyant si nos appréciations concordent avec les faits; et en recherchant pourquoi cela n'est pas.

* * *

Le devoir ne doit pas dépendre de la réussite.
En effet : il deviendrait trop rare.

L'indépendance de l'esprit est un bonheur : quand elle nous met au dessus de la vanité.

En effet : elle nous préserve de ses ruines, et de ses froissements.

Exemple : quand elle nous met au-dessus du « qu'en dira-t-on ».

* * *

On rencontre beaucoup plus d'esprits indécis ou vagues, que d'esprits précis.

En effet : ceux-ci exigent plus d'efforts et de pratique.

* * *

Le luxe est un tyran.

En effet : il accapare nos ressources; et pour ne pas s'en séparer, il entrave nos mouvements et notre liberté.

* * *

Analyser la vie : conduit à l'intrépidité, ou à la tristesse.

En effet : si cela désillusionne, cela permet aussi, de la prendre pour ce qu'elle vaut.

* * *

Quand on connait les hommes : on peut toujours les tenir en respect.

Exemple : en leur montrant leurs ridicules ou leurs vices.

En effet : cela les rappelle à l'humilité.

L'état atmosphérique, agit chimiquement sur notre constitution, et aussi par suite, sur notre mentalité.

Exemple : les pays humides et froids, produisent les natures lymphatiques et posées.

Le climat sec et chaud, forme les natures impulsives des gens du Midi.

Et c'est la chaleur constante et lourde, qui fait la nonchalance physique et morale des habitants des Tropiques.

* * *

Le manque de sens moral a la propriété d'enlever la pudeur et la honte.

En effet : ou il ne voit pas le mal qu'il fait, ou il s'y habitue.

Exemple : les besogneux par vanité.

* * *

Le scepticisme acquis, vient de l'expérience, ou de la perspicacité.

Exemple : quand l'on veille, avec bonne humeur, à ne plus être dupé.

* * *

Notre génération est avide de savoir, et de certitude.

En effet : vu l'accroissement de la concurrence, de l'égoïsme et de l'indélicatesse, il faut de plus en plus, y voir clair et juste.

La sincérité en impose.

Exemple : par sa franchise, et par son honnêteté.

*
* *

Chaque carrière imprime son empreinte, sur ceux qui l'exercent.

Exemples : les bureaucrates, sont méticuleux et paisibles; les commerçants, sont souples et prudents; la magistrature, le professorat, le sacerdoce, la médecine, impliquent des allures graves et compassées; la carrière militaire, rend raide et cassant.

*
* *

L'égoïsme est contagieux.

En effet : comme il froisse profondément, on lui rend la pareille.

*
* *

Sous le soleil sec et ardent du Midi, les molécules se dilatent.

De là, les agitations et l'effervescence qui vaporisent les idées.

Sous le pâle soleil du Nord, les fibres se contractent; les impressions ambiantes s'assimilent lentement, ou par la force des choses; et elles donnent par suite naissance à des pensées, exactes et profondes.

Pour bien diriger : il faut savoir se mettre de côté.

Dès lors, en effet : on ennuie moins ceux qui nous aident; et les circonstances dégagées du « moi », nous apparaissent alors avec plus de netteté.

*
* *

On peut être haïssable, et paraître charmant.

Exemple : les esprits faux, mais aimables.

*
* *

Entre les deux sexes : la sympathie se change facilement en quelque chose de plus tendre, que la simple amitié.

En effet : elle se transforme vite, en une question sexuelle.

*
* *

L'existence est un « présent amer ».

En effet : elle fait naître en nous, des aspirations qu'elle n'assouvit pas; et elle nous impose, les maladies et la mort.

*
* *

Les hautes pensées sont celles qui fatiguent le plus.

Exemple : rechercher les causes; approfondir; généraliser.

En effet : leurs bases reposent sur des efforts invisibles de l'esprit.

On est toujours charmant, quand on est capable de désintéressement.

En effet : en se mettant de côté, on permet aux autres de se faire valoir.

*
* *

On ne peut compter sérieusement, que sur les gens qui raisonnent.

En effet : les autres n'obéissent qu'à leurs impulsions.

*
* *

Une bonté éclairée et sympathique, est enveloppante et capiteuse.

Conclusion : elle embellit l'affection et l'amour.

*
* *

Le train habituel de la vie nous intéresse plus, que l'ensemble de l'existence.

En effet : il nous dispense d'élargir notre esprit.

*
* *

Le caractère peut être à la fois, mélancolique et gai.

Exemple : quand on constate l'instabilité de l'esprit humain; et quand pour se reposer, l'on parle de ce qui amuse.

Le calme n'est pas possible, avec les impulsifs.
En effet : leur personnalité est étourdissante.

Le travail est un levier.
En effet : c'est lui qui nous permet de vivre, et de nous élever.

Admettre ce que l'on entend dire : est plus facile et moins long, que de le vérifier.
C'est ce qui fait le succès des sophistes.

Pauvre Devoir! comme chacun t'habille à sa façon.
Exemple : en le conformant à nos désirs.

On ignore trop que la cause de ses malheurs, réside surtout en soi.
Exemple : dans le manque d'expérience, de réflexion, ou de jugement.
En effet, on préfère, par orgueil ou par sottise, en accuser les autres, ou la fatalité.

Notre génération est vouée à la tristesse : parce que ses désirs dépassent ses ressources, et parce qu'elle manque de sécurité.

*
* *

Tôt ou tard on découvre nos défauts : pour les mépriser, pour en rire, ou pour en abuser.
Conclusion : il est intéressant de les rectifier.

*
* *

Au fond : les hommes aiment par dessus tout, leur tranquillité.
Conclusion : il est imprudent pour leurs épouses, de ne pas la leur donner.

*
* *

Les grands caractères aiment les grandes choses. De là leur malaise, dans les petits emplois.

*
* *

Les physionomistes découvrent les vices qui existent à l'état latent.
Exemple : l'envie, la légèreté, la passion du plaisir.
Conclusion : ils peuvent parfois les empêcher, en les éloignant des milieux qui les font éclore.

Qu'est-ce donc que l'existence?

Une foule de forces contraires, à travers lesquelles il faut se frayer un chemin.

*
* *

« On n'échappe pas à sa destinée. »

Soit : mais on peut en modifier le cours.

Exemple : quand on évite sciemment un danger; quand on ne persévère pas dans une mauvaise voie.

*
* *

Les impulsifs entêtés, sont indécrottables.

En effet : étant très près de l'instinct, ils n'obéissent qu'à la force, ou qu'à leurs sensations.

*
* *

L'esprit et le tact ne peuvent pas ennuyer.

En effet : celui-ci sait voir quand le premier peut plaire.

*
* *

Pour bien diriger sa barque : il faut dominer la situation ambiante.

Exemple : pour mieux distinguer les récifs qui l'entourent.

Comme l'intelligence, la bêtise s'infiltre partout.

Exemple : dans les conceptions, et par suite dans les actes.

***

Dans l'intimité, on pense plus qu'on ne parle.

Conclusion : pour le tête-à-tête, il vaut mieux savoir penser que parler.

***

Si l'on était vraiment intelligent, l'existence serait meilleure.

En effet : on mettrait son « moi » de côté; et on le remplacerait par du bon sens, et par de la bienveillance.

***

Ce qu'il y a de plus sûr dans la vie, c'est la philosophie.

En effet : elle adoucit nos maux; et nous montre ce qui est.

***

En s'identifiant avec la nature, on se détache de la terre; et l'on facilite ainsi son passage dans l'éternité.

***

Quand on est sûr de ce que l'on vaut, on peut se moquer de ceux qui ne savent pas nous juger.

En effet : il est plaisant de les voir se tromper.

Une religion qui fait des caractères audacieux et forts, est-elle supérieure à une religion qui fait des hommes asservis et craintifs?

En temps de persécution, la réponse est facile.

En se rappelant les passions et les vilenies des gens disparus : on voit qu'elles ne valaient pas la peine qu'elles ont donnée.

En effet : il n'en reste que de l'horreur ou que de la pitié.

La civilisation actuelle brise la personnalité de l'homme, pour faire de lui un reclus et un outil.

Exemple : le personnel des administrations, des bureaux et des usines.

Conclusion : elle déprime le physique, et les caractères.

Les carrières qui exigent du cœur, ne doivent pas être un simple métier; elles demandent en sus. de l'abnégation.

Exemples : la médecine, le sacerdoce, la carrière militaire.

En effet : le cœur ne se vend ni ne s'achète, il s'élance ou s'épanche.

Le plus reposant des amours, est l'amour doux et pensif.
En effet : il laisse à l'esprit tous les espoirs, avec sa liberté.

*
* *

On peut être intelligent, sans avoir de valeur personnelle.
Exemple : quand on ne sait que bien faire ce que l'on a déjà vu.
En effet : on est dès lors incapable, d'agir par soi-même.

*
* *

« La perfection absolue n'est pas de ce monde. »
Conclusion : comme pour les fractions irréductibles, son approximation doit suffire.
Corollaire : le bien normal, doit suffire pour le ciel.

*
* *

Il est plus facile d'obéir, que de diriger.
Dans le premier cas, en effet : la compréhension et la docilité suffisent.
Mais dans le second : l'esprit doit rayonner, et coordonner.

*
* *

Pourquoi scruter ses sentiments?
Pour mieux les connaître, et pour mieux s'en servir.

Approuver les gens sans les écouter, est un art fort utile.

En effet : on plaît ainsi sans fatigue, aux présomptueux et aux imbéciles.

*
* *

Désirer « tout ce qu'il faut », est une aspiration, trop vaste et trop chère.

Pour sa tranquillité : mieux vaut ne désirer que le nécessaire.

*
* *

La science de soi-même et des autres est si profonde, que l'on n'en voit pas la fin.

En effet, elle repose : sur les contrastes infinis qui existent entre nous; et sur la versatilité de nos pensées et de nos sentiments.

Exemple : sur la différence de nos intelligences et de nos tempéraments.

*
* *

On éprouve toujours un faible, pour ceux qui nous aiment.

En effet : ils reflètent toujours, quelque chose de nous-même.

Exemples : l'appréciation de nos qualités; la satisfaction de la flatterie.

La volonté peut n'être qu'un instrument.

En effet : elle obéit indifféremment à nos souvenirs, à nos fantaisies et à notre raison.

Conclusion : il importe, qu'elle soit solide et bien maniée.

*
* *

La modestie est plus avantageuse, que la suffisance.
En effet : elle attire mieux, et elle y voit plus clair.

*
* *

Un cœur et un esprit profonds, sont naturellement perspicaces.

En effet : la profondeur de la pensée implique sa lucidité.

*
* *

Le vent du nord éclaircit le vin et les idées.
Le vent du sud les trouble.
Conclusion : il faut profiter du premier, pour corriger les méfaits du second.

*
* *

Pour les natures aimantes, ne pas aimer est une souffrance.

En effet : l'affection est pour elles un besoin.

La finesse est inférieure à la psychologie.
En effet : elle n'a ni son savoir, ni sa profondeur.

* * *

La laideur parfois, vaut mieux que la beauté.
Exemple : le charme, même laid, est supérieur à la beauté sans charmes; et ce qui est laid et bon vaut mieux, qu'une beauté malfaisante.

* * *

Quand l'on n'a pas réussi ce qui dépendait de soi, la faute en est à sa paresse, ou au défaut de réflexion.
Exemple : quand on en a négligé le pourquoi et le comment.

* * *

Les exubérants méprisent les méditatifs.
Pour eux, en effet : l'agitation est supérieure à la réflexion.

* * *

Dans l'action spontanée : ni l'érudition, ni l'imitation, ni l'assimilation, ne peuvent se comparer au mérite personnel.
En effet : c'est lui qui apprécie la justesse des choses, et leur à-propos.

Heureuses sont les natures, actives et positives.

En effet : vu leur capacité de travail utile, le succès leur sourit.

* * *

La perspicacité est un bistouri.

* * *

Les orgueilleux ne comprennent pas la modestie.

C'est pourquoi, ils la dédaignent ou s'en défient.

* * *

Pour convaincre : les faits visibles valent mieux que les paroles.

En effet : ils sautent aux yeux; et ils évitent la fatigue des démonstrations.

* * *

La routine est l'ennemie du mieux.

De là, la colère qu'elle soulève, quand on connaît celui-ci.

* * *

Pour vaincre dans la vie : il faut de la force et de l'ardeur.

Conclusion : l'on est bien coupable de ne pas les stimuler, chez ceux que l'on aime ou qui nous intéressent.

Les qualités de l'oiseau, ne conviennent pas à l'homme.

En effet : l'homme n'est pas créé pour gazouiller, pour sautiller ou pour se lisser.

Il est fait pour creuser son sillon.

* *
*

Un vrai cri du cœur persuade mieux, que toute la rhétorique.

En effet : il est une explosion de la vérité.

* *
*

Une affection sans fond n'est qu'un passe-temps; une distraction d'oisif.

Exemple : les affections mondaines, les caprices amoureux.

* *
*

La médiocrité dorée vaut mieux, que le luxe et la gêne.

En effet : elle donne la quiétude, et l'indépendance.

* *
*

On ne se fatigue pas de la sécurité.

Exemple : en amour, et en affaires.

Conclusion : il ne faut pas se lasser de l'acquérir.

Remarque : l'on écoute avec distraction les mots, que l'on ne veut pas comprendre.

Le mot « abnégation », est l'un de ceux-là.

*
* *

Les certitudes morales se trouvent :
Dans l'analyse et dans la synthèse de ses pensées ou de ses actes.

Exemple : « la frivolité est sûrement regrettable ».

En effet : le raisonnement le dit; et l'expérience le prouve.

*
* *

Ce n'est pas la peine de se morfondre pour l'humanité; ni de la prendre au tragique.

En effet : elle se tire toujours d'affaire; et personnellement, nous ne sommes pour elle que des indifférents.

*
* *

L'intuition peut aider le bon sens.

Exemple : en lui faisant pressentir les sottises d'autrui.

*
* *

Il faut savoir causer des ennuis nécessaires.

Exemple : pour ne pas faire des enfants gâtés.

Pour le psychologue, les hommes sont des pantins, mus par leurs instincts.

Exemple : par leur droiture; ou par leurs bassesses.

*
* *

Peu de gens compatissent à nos douleurs intimes.

Exemples : à l'isolement de l'âme, aux déceptions injustes; au mérite méconnu.

De là notre attachement intense, pour ceux qui les comprennent.

*
* *

Est bien un homme *(vir)* : celui qui sans sourciller, peut affronter la misère et la mort.

En effet : l'intrépidité ne lui fait pas défaut.

*
* *

A l'heure actuelle : il n'y a plus guère que des intérêts.

Conclusion : ceux qui aiment le bien pour lui-même, passent pour des fous; ou pour des importuns.

*
* *

De l'indifférence pour la mort, naît l'apaisement de la vie.

Conclusion : il est coupable de faire craindre la mort.

L'instinct des bêtes, fait bien comprendre les gens.

Exemples : deux chiens devant un os; deux coqs devant une poule.

* *
*

Il faut conduire sa vie, comme un jeu d'échecs.

En effet : le succès dépend de la science de nos combinaisons.

* *
*

Pour être un homme d'élite : il faut être mû par des idées supérieures à soi.

Exemple : par l'amour du beau; par celui de la justice; par le désir de se rendre utile.

En effet : on tendra dès lors, toujours à monter; et nos actes seront affranchis des mobiles vulgaires.

* *
*

Entre l'homme et la femme : l'idée de se compléter l'un l'autre, est une cause de bonheur.

En effet : l'intention, en principe, est le début du succès.

* *
*

Dans le Nord, on aime à rentrer en soi. Dans le Midi, on préfère en sortir.

Les honnêtes gens ne peuvent pas promettre autant que les coquins.

C'est pourquoi ceux-ci ont plus de succès qu'eux.

Exemple : les escroqueurs dans le domaine financier, politique ou moral.

En effet : les vains espoirs sont pour eux des appâts.

Quelques Incompatibilités d'humeur.

L'effervescence et le calme.
L'impulsivité et la réflexion.
Le positivisme et le mysticisme.
L'égoïsme et le dévoûment.
La prodigalité et l'économie.
La paresse et l'ardeur.
Le bavardage et l'observation.
La vie mondaine et la vie intime.
Les esprits étroits et les esprits profonds.
La distinction et la vulgarité.

La conversation d'un groupe d'esprits vulgaires, rappelle les coassements d'une mare à grenouilles.

En effet : ce sont les mêmes sons, criards et discordants.

Le recueillement repose : des âneries, des sophismes et des banalités, que l'on voit ou que l'on entend.

Les grands maux proviennent des grands attachements.
Exemple : lorsque ceux-ci s'effondrent.

Quand l'excès du fluide nerveux ne se transforme pas en travail, il se change souvent en défauts.
Exemple : il se transforme en volubilité, en effervescence, en agitation fébrile et souvent coûteuse.

Il faut se méfier des dehors séduisants.
En effet : ils cachent souvent de fâcheuses conséquences.
Exemples : les sirènes; les sophismes attrayants.

En fait : le peuple est un grand enfant.
En effet : il faut qu'on s'en occupe et qu'on le dirige, tout en comptant avec lui.

La routine a du bon.

En effet : par sa force automatique et constante, elle permet aux sots de se rendre utiles.

* *
*

Il vaut mieux juger les gens d'après la **conséquence** de leurs actes, que par leurs actes mêmes.

En effet : nos actes ne valent que par leurs résultats.

* *
*

L'imagination et l'orgueil s'excitent réciproquement, aux dépens de notre bourse et de notre bon sens.

Exemple : la folie des grandeurs.

* *
*

L'esprit philosophique est un gêneur.

En effet : il démontre ce qui est, au détriment de ce qui plait.

* *
*

Il faut chercher la vérité, comme l'aigle cherche sa proie.

Exemple : pour mieux l'apercevoir ; et pour mieux la saisir.

C'est dans le feu de la discussion, dans le danger, dans l'indignation, que l'homme montre tout ce qu'il vaut.

En effet : les plus belles étincelles de l'esprit, jaillissent des émotions.

*
* *

Ce n'est pas un mal, d'être satisfait modestement de nos qualités.

En effet : cela nous encourage à les augmenter.

VI

L'absence de sens moral a quelque chose qui répugne.

En effet : cela dégrade; et l'on peut craindre d'en être la victime.

*
* *

Le pilote rectifie sans cesse la marche de son navire.

Il devrait en être de même pour nous, dans notre manière d'agir.

*
* *

« Le mieux est l'ennemi du bien. »

Soit : mais ceux qui font mieux que nous, nous sont supérieurs.

L'Agriculture
est une École de morale pratique.

Parce qu'elle prouve qu'avant de récolter, il faut labourer et semer.

Parce qu'elle rend l'esprit positif : en montrant la fausseté des utopies, des équivoques et des sophismes.

Parce qu'elle apprend manuellement, ce que coûte la vie.

Parce qu'elle unit le travail, à l'indépendance de l'esprit.

Parce qu'elle habitue à se soumettre : à la force des choses, et aux lois de la nature.

Parce qu'elle montre, que si la réussite est précaire : on y arrive quand même par le travail, par des privations et de la ténacité.

Parce que la pratique immuable et constante de ces vérités, les fait passer dans l'entendement.

* *

A priori : une civilisation qui pousse les hommes au bien-être et à la mollesse, penche vers son déclin.

En effet : elle paralyse par cela même, les forces nécessaires aux combats pour la vie.

Exemples : la vigueur, l'élan, la force de résistance.

Dans les temps de décadence : les hommes n'ont plus que l'énergie voulue, pour satisfaire leurs plaisirs.

En effet : ils n'ont plus la force de lutter.

*
* *

La vie bureaucratique et renfermée, les bagnes de l'industrie, sont-ils un progrès?

Sont-ils bien conformes à la nature, et à la destinée de l'espèce humaine?

Sa dégénérescence physique et morale actuelle, permettrait d'en douter.

*
* *

Ce qu'il y a de plus sérieux sur la terre, c'est la force des choses.

En effet : nul ne peut s'y soustraire.

Exemples : les lois de la santé; celles de la réussite.

Conclusion : il faut les connaître et s'y soumettre.

*
* *

Nos pensées sont une série d'oscillations : entre nos instincts, notre imagination, et la nécessité.

Il importe, qu'elles ne soient pas trop violentes.

*
* *

Il est des joies amères.

Exemple : celle de quitter la vie.

Le raisonnement n'est pas solide : quand il repose sur des mots.

En effet : les équivoques et les doubles-sens, peuvent le dévoyer.

* * *

Quand on trouve le bonheur en soi : on l'emporte où l'on va.

Exemples : dans la solitude, en voyage, et en s'isolant des importuns.

* * *

La prostration de la pensée est une cause d'ennui et de ruine.

Exemple : le manque de volonté, et l'impossibilité de l'effort sur soi-même.

* * *

Savoir se commander, est une preuve incontestable de supériorité.

En effet : cela permet de se conduire, selon les circonstances.

* * *

La force de l'intelligence réside : dans la vigueur et dans la rapidité de la conception.

En effet : concevoir les choses, c'est les comprendre, les pénétrer, et même les pressentir.

Produire à faux, est un ennui; ne rien produire, est une souffrance; produire ce qu'il faut, est une jouissance.

*
* *

Est bien réellement quelqu'un, celui dont les paroles, les écrits ou les actes, font longuement réfléchir.

En effet : cela prouve une intelligence, profonde et sagace.

*
* *

L'être aimé, n'est souvent qu'une illusion; un être paré de nos dons.

Exemple : quand on le voit, tel qu'on voudrait qu'il fût; et non pas tel qu'il est.

*
* *

Avec le mérite seul, on peut se trouver en fâcheuse posture.

Exemple : quand on ne sait pas en tirer parti.

*
* *

La bonté peut n'être que de la nonchalance.

Exemple : quand on donne, quand on accorde, pour ne pas avoir à y penser.

*
* *

Parler d'une peine, la volatilise; en pleurer, la dissout.

Le rêveur vit de suppositions et de croyances : « *Errat qui putat* ».

L'homme pratique aime avant tout, les preuves et les faits.

*
* *

Les hommes diffèrent surtout : par les facultés morales et intellectuelles, par l'éducation et par l'instruction.

En effet : tout le reste se ressemble.

Exemples : les sensations, les instincts animaux.

*
* *

De l'Être moral.

On distingue dans le moral :

Le côté affectif (côté du cœur et des entrailles), qui vibre sous les instincts, sous les sensations et sous les sentiments.

Le côté intellectuel (côté cérébral), qui se rend plus ou moins compte de ce qui nous entoure.

Le côté du caractère (moral et tempérament réunis), qui avec l'initiative, la force, l'activité, forme l'ossature de l'être social.

Leur degré et leurs combinaisons, varient à l'infini.

Nos actes devraient être basés sur la psychologie.

Exemple : sur ce qui prouve et ce qui convainc, et non sur la contrainte.

En effet : il y aurait moins ainsi, de tirages et de froissements.

*
* *

La richesse et la vanité, nous importent plus que notre bonheur intime.

La faute en est :

Aux gens qui conduisent l'opinion; et à ceux qui dirigent notre éducation.

En effet : nul ne nous montre leur différence.

*
* *

On est à l'affût de notre ignorance et de nos vices, afin d'en profiter.

Exemple : à l'affût de notre aveuglement et de notre vanité.

*
* *

Pour les sots et pour les orgueilleux, les bons conseils sont presque une insulte.

Selon eux, en effet : ils ont à en donner; mais non à en recevoir.

Nos défauts ne sont qu'un demi-mal, quand on les connaît.

En effet : on les atténue alors proportionnellement : à son intelligence, à ses intérêts, et à sa volonté.

*
* *

Les affections encombrantes, bruyantes ou tyranniques, ne conviennent pas aux esprits délicats.

En effet : elles sonnent faux, et sont faites d'égoïsme, ou de trivialité.

*
* *

Un intellectuel peut ne pas être intelligent.

Exemple : quand il digère mal la science dont il s'occupe; quand il a l'esprit faux.

*
* *

Dans le danger, dans tout acte collectif : une confiance méritée dans le chef, est un gage de succès.

En effet : c'est lui qui en forme l'âme.

Conclusion : l'on ne s'occupe pas assez des aptitudes du chef.

Exemples : pour les combats, pour la concurrence; ou pour toute direction.

La perspicacité s'inquiète du dessous des choses, plus que de leur dessus.

En effet : c'est sur le premier, que le second repose.

* *
* *

La vie moderne est dure, pour ceux qui aiment la spontanéité.

En effet : dans la plupart des carrières, on fait plier les intelligences, comme des bœufs sous le joug.

* *
* *

Les uns confient leurs décisions au hasard.

Exemple : les impulsifs, les visionnaires, les gens frivoles.

Les autres lui disputent tout.

Exemple : les esprits positifs et philosophiques.

* *
* *

Mieux vaut s'habituer à la mort, que de perdre son temps à la redouter.

En effet : les résultats sont les mêmes, et la peur est en moins.

Le plus puissant agent de la perspicacité, est l'oubli de soi-même.

En effet : nos idées préconçues, nos croyances, nos désirs, nous cachent la vérité.

*
* *

Dans l'action, on distingue deux genres de facultés :
D'abord, celles qui conçoivent et qui dirigent.
Exemple : l'intelligence, le jugement et la clarté d'esprit.
Puis celles qui exécutent.
Exemple : l'activité, la volonté, l'énergie.
Sans les premières, les secondes portent à faux.

*
* *

Un ennui qui devient une habitude, n'est plus un ennui.
En effet : il devient une « seconde nature ».
Exemple : un métier sans vocation.

*
* *

Pour autrui : ce qui l'intéresse en nous, est la seule chose qui compte.

En effet : il y prend ce qui lui convient ; et il laisse le reste.

Comme les vents, nos idées sont fécondes ou arides, calmes ou tumultueuses, glaciales ou brûlantes.

D'où viennent-elles?

De nos tempéraments, de notre éducation, et de ce qui nous entoure.

Qui les pousse? Nos instincts, nos nerfs, la qualité et la marche du sang.

Où vont-elles? Là où les portent leur force et les événements.

Qui peut les canaliser? Le jugement, la force des choses, et la volonté.

L'indifférence est la ressource suprême, contre les gens présomptueux, personnels et ignorants.

En effet : aucun raisonnement n'a de prise sur eux.

Dis-moi quel est ton idéal, et je te dirai qui tu es.

Exemple : quand on aime ce qui est beau, on n'est pas à vendre.

Quand on est égoïste et cupide, les laideurs ne coûtent pas.

De la Pensée.

La pensée est actionnée et nourrie par le sang.

En effet : elle dépend de sa composition, et de son impulsion.

Exemple : dans la fièvre.

Plus exactement, la pensée serait le résultat de la circulation du sang dans la cervelle.

En effet : celle-ci et la pensée, cessent au même moment.

Ce qu'il y a de plus intéressant pour nous dans l'univers : c'est nous-même.

D'abord : rien ne nous touche d'aussi près; de plus, ce n'est qu'à travers nos sens que nous percevons ce qui est.

C'est nous donc avant tout, qu'il faut cultiver.

« En famille (ou ailleurs) : l'affection ne remonte pas. »

En effet : pour les ascendants, les enfants sont l'avenir; et pour les enfants, les ascendants sont le passé.

Conclusion : il est logique d'aimer les enfants, plus pour eux que pour soi.

La sensibilité, la vaillance, le dévouement, l'enthousiasme, ne sont plus à désirer.

En effet : ils se brisent de plus en plus contre l'égoïsme moderne, comme une vague sur un rocher.

*
* *

Pour réussir : il s'agit moins de se démener, que de faire le nécessaire.

En effet : il s'agit d'arriver, par la voie la plus sûre et la plus rapide.

*
* *

On peut lutiner, avec le « réparable », car il y a encore de la ressource avec lui.

La question est par suite, de savoir où il cesse.

Exemples : dans les affaires; avec la santé.

*
* *

« Chérir ses idées, moins leurs conséquences! »

*
* *

Pour les gens personnels ou égoïstes : leur prochain est créé pour leur propre usage. Tout leur est dû; mais eux ne doivent que ce qui leur convient.

Conclusion : il est juste de les fuir, s'il n'en coûte rien.

Des Autres.

Qui se moque de nous?
Qui nous trompe?
Qui nous donne de l'envie?
Qui cherche à nous nuire ou à nous exploiter?
Qui abuse de son pouvoir?
Qui est ingrat?
Qui gêne nos goûts légitimes et nos habitudes?
Qui nous entrave par ses fantaisies?
Qui nous fait de la peine?
Qui excite notre vanité?
    Réponse : les autres.
Que nous rendent-ils en échange?
Ils font passer le temps.
Ils multiplient nos impressions par répercussion; rarement ils ont pour nous, une affection pratique et désintéréssée.

Les fautes de nos adversaires, sont nos meilleurs auxiliaires.

Exemples : leurs excès, leur extrême sécurité, leur imprévoyance.

En effet : ce sont pour eux des points faibles, qu'ils négligent ou qu'ils ignorent.

La nature dédaigne :
Les conventions sociales, nos aspirations; et voire même la justice.

En effet : elle brise tout ce qui n'est pas conforme à ses lois.

Exemples : le désir de vivre; l'oubli ou l'ignorance de la force des choses.

Par contre, elle nous encourage à suivre ses principes.

Exemples : les récoltes heureuses; les règles de l'hygiène, les œuvres vraies de l'esprit.

Conclusion : la question est de se soumettre à elle, et de rechercher ses secrets.

Ce que nous demandons à un tableau, à la musique, à une œuvre d'art : c'est de l'émotion intime.

Conclusion : plus une œuvre nous émotionne, plus elle vaut.

La devise d'un vrai chef :
« Tous en lui, lui en tous. »

En principe : chacun rapetisse Dieu jusqu'à sa personne; au lieu de s'élever jusqu'à lui.

Exemple : jusqu'aux splendeurs de l'univers.

Une bonté sceptique est faite : d'indulgence, de pitié; ou de clairvoyance ironique.

Elle remplace de plus en plus la vieille bonté classique.
En effet : avec celle-ci, on est trop trompé.

**

Le luxe et le bien-être poussent au moindre effort.
Conclusion : ils engendrent la mollesse et la dégénérescence.

**

On n'a pas le droit de se plaindre de l'existence, quand elle est conforme à ses aspirations.
Exemple : une vocation, désirée et suivie.
En effet : les satisfactions qui en résultent sont de tous les instants.

**

Ces dames prennent facilement les contradictions pour des injures.
En effet : de par droit de naissance et de beauté, rien ne doit leur résister.

**

Un but intellectuel est un réel bienfait.
En effet : il chasse les chimères; il nourrit l'esprit; et quand il est utile, il se change en profit.

Asservir nos instincts, c'est bien; les briser, c'est trop; car ils sont aussi nos ressorts nécessaires.

Exemples : l'instinct de la conservation; l'instinct de la reproduction; l'instinct maternel.

Il faut particulièrement surveiller : notre conscience, notre caractère et notre discernement.

En effet : c'est d'eux surtout que dépend notre conduite.

Pour bien manier les hommes, il faut être physionomiste et connaître le cœur humain.

Dans ce cas, en effet : on leur dit ce qui convient.

Il faut se reposer avec l'idéal; et se soumettre pour vivre, à la réalité.

En effet : leur amalgame n'est pas pratique.

Le bonheur est un mythe : il n'en est pas de même des satisfactions.

Conclusion : abandonnons le bonheur, pour les satisfactions.

Il n'y a rien à faire, avec les orgueilleux naïfs et ignorants.

En effet : ils ne savent que se cabrer et ruer.

*
* *

Nos désastres peuvent se changer en succès.

Exemples : quand ils nous servent de tremplin; quand ils nous apprennent à bien faire.

*
* *

Un esprit généralisateur est un générateur d'idées.

En effet : avec une seule, il en fait des quantités.

*
* *

Dans l'amour on trouve : l'union des esprits et l'union des sens.

L'une agit sur l'autre, et réciproquement.

*
* *

Dans le Midi, on fait de l'esprit avec des calembours ou des calembredaines. Dans le Nord on en fait, avec des réflexions mordantes et drolatiques.

Exemple : avec de l'humour.

Le manque de tact peut venir de la précipitation des idées.

Dans ce cas, il y a du remède.

Exemple : quand les paroles sont plus promptes que l'attention.

En effet : la réflexion et la volonté, peuvent réparer le mal.

Il n'en est plus de même, quand le défaut de tact est un manque de clarté d'esprit.

En gâtant les enfants, on en fait des égoïstes.

En effet : de par leurs instincts et l'habitude acquise, ils pensent qu'on leur doit tout et qu'ils ne doivent rien.

Les contrastes font ressortir les différences qui existent entre les hommes.

Exemple : la méchanceté fait ressortir tout le prix de la bienveillance et de la bonté.

Dieu tient plus à ses lois qu'aux diverses religions.

En effet : il laisse succomber celles qui ne sont plus viables, ou qui ne savent pas lutter.

Quelque fugitive qu'elle soit, l'union de deux âmes est toujours un plaisir.

Exemples : l'échange de pensées communes, l'échange de regards ou de sourires qui se comprennent.

* *
*

Sans l'échange des pensées et des sentiments intimes : l'affection et l'amour, ne peuvent pas être profonds.

En effet : ce n'est que par cet échange, que l'on peut se connaître, s'apprécier et s'entendre.

* *
*

On ne doit pas confondre le cœur et la sensibilité.

En effet : le cœur est capable d'abnégation; mais les sensitifs ne savent que vibrer, comme une corde sous l'archet.

* *
*

Pour plaire aux masses, il suffit d'être un perroquet sonore.

En effet : il suffit de leur débiter avec emphase, les idées à la mode.

* *
*

Les gens modestes n'exhibent pas leurs qualités.

Raison de plus pour les découvrir, et pour les apprécier.

Les facultés ou les spécialités trop développées, vivent comme des microbes aux dépens de l'organisme.

Exemples : l'excès de sensibilité, devient de la névrose.

L'excès d'esprit poétique, fausse le sens pratique.

Les idées trop exclusives, aveuglent et abêtissent.

*
* *

Tout devient facile : quand l'on a vécu ses actes à l'avance.

En effet : en les exécutant, on se trouve alors en pays de connaissance.

*
* *

La vérité gît souvent sous l'erreur, comme l'or dans sa gangue.

Exemple : quand on ne sait pas voir nos qualités.

*
* *

La distinction est un art ou un vernis qui embellit toutes choses, même ce qui n'est pas beau.

Exemple : une laideur distinguée.

*
* *

En généralisant ses observations et en les condensant ensuite, on augmente ses conceptions et leur densité.

De la Personnalité.

Les gens personnels n'aiment pas leur prochain, pour le rendre heureux.

Ils l'aiment seulement pour satisfaire leurs instincts.

Exemple : par besoin; ou pour que l'on s'occupe d'eux.

Conclusion : en dédaignant les goûts et les aspirations d'autrui, les gens personnels font naître des froissements qui se transforment en rancunes, en colères ou en aversion.

Avec une bonne organisation, et des chances maxima, la lutte devient un divertissement.

En effet : on y retrouve les plaisirs du jeu, quand les atouts abondent.

Là où on est le mieux : c'est avec des gens qui ont du bon sens.

En effet : on se trouve dans un milieu, pratique et reposant.

La meilleure des éducations est celle qui joint le contrôle à l'action.

En effet : elle montre les relations, de cause à effet.

Deux Conceptions de la vie.

Ou bien : aucune de nos pensées, aucun acte, aucun de nos mouvements n'arrivent sans la volonté, ou sans la permission de Dieu.

Avec cette conception : ce qu'il y a de plus simple, c'est d' « attendre des ordres »; et en général, l'on ne s'en prive pas.

Ou bien : Dieu a créé des lois physiques et morales diverses, auxquelles il faut se soumettre à ses risques et périls.

Exemple : « Il faut se défendre contre ses ennemis. »

Avec cette conception : l'initiative et l'action deviennent spontanées.

On parle beaucoup de la mort, mais sans trop vouloir cependant se figurer la sienne.

Pour triompher d'un ennemi : il faut avoir plus de volonté que lui.

En effet : à forces égales celle-ci s'imposera forcément à la sienne.

Exemple : dans les batailles et dans la concurrence.

Il est plus facile de comprendre les choses, que de se les assimiler.

De même : il est plus facile de goûter une chose, que de la digérer.

*
* *

Dans les profondes amours : on lit l'un dans l'autre, sans appréhensions et sans arrière-pensées.

En effet : l'on se fond l'un dans l'autre.

*
* *

Quand on est intelligent, il est fatigant de se mettre à la portée des sots.

En effet : on s'avilit l'esprit, et l'on sent de plus, que c'est de la peine et du temps perdus.

*
* *

Pour bien convaincre, il faut bien prouver.

Conclusion : il est bien difficile de convaincre par la parole, ceux qui ne savent pas raisonner.

*
* *

L'affection des gens qui nous déplaisent, ne nous intéresse pas.

En effet : nous préférons les éviter.

L'orgueil est l'exagération trop grande de notre importance, de notre personne, ou de nos facultés.

Nous nous laissons séduire par nos désirs, par les illusions et par les sophismes, parce que leur contrôle nous fatigue; ou encore parce que ce contrôle fait envoler nos rêves.

Ce qui nous distingue des animaux : ce sont les facultés d'analyse et de synthèse.
En effet : ce sont elles qui font la science.

L'attraction du mieux est un gage de succès.
En effet : elle implique le goût de l'étude et de l'effort.

Ce qu'il y a d'injuste ou de cruel dans la mort : c'est qu'elle nous ravit malgré nous, ce qui nous appartient.
Exemples : le fruit de notre travail; l'affection de ceux que l'on aime.

Le détachement des choses qui nous entourent, est le commencement de l'éternel repos.

En effet : la frayeur de les quitter, ne nous importune plus.

*
* *

Après ou pendant un repas chaleureux, nos facultés se dilatent; et on les aperçoit mieux.

Conclusion : l'instant est bon, pour les observer.

*
* *

Les fortes liaisons sont rares, parce que peu de personnes en connaissent les satisfactions.

Exemples : la répercussion des sentiments; se compléter l'un l'autre; la confiance absolue; le plaisir des épanchements.

*
* *

Le chef doit avoir vécu, tout ce qu'il commande.

En effet : ses ordres sont dès lors faits d'ensemble et de vitalité.

*
* *

Quand on se complait sur les cimes de la pensée : il est pénible de patauger dans ses marécages.

Exemple : dans les futilités, ou dans les commérages.

Des pires Souffrances morales.

Les chagrins injustes :
Les irréparables folies des siens.
L'impossibilité et le besoin de bien faire.
Le manque de tact, le déraisonnement, l'antipathie inévitables.
La perte de ce que l'on aime, et que l'on ne peut remplacer.

* * *

La perspicacité perfore; l'intuition devine et prévoit.
Leur réunion forme la clarté de l'esprit.

* * *

Une observation impartiale et pénétrante, est généralement vraie.
En effet : elle est dès lors, une constatation.

* * *

La vieillesse est l'effondrement de l'orgueil, et de nos personnes.
Conclusion : elle est la preuve vivante du néant de la matière.

Un esprit philosophique peut paraître inerte. Mais il l'est comme la poudre, ou comme les détonants.

Exemple : quand il nous émeut, par ses aperçus ou ses appréciations.

* * *

L'intuition, l'imagination, la mémoire, sont des facultés innées et spontanées.

Conclusion : les esprits indolents peuvent en être doués.

* * *

Mourir pour une idée nous débarrasse des affres de la mort.

Exemples : mourir pour sa foi; mourir pour son pays.

En effet : on meurt pour ce que l'on aime, et non pas pour rien.

* * *

Avoir de l'esprit : c'est exciter la belle humeur d'autrui, par des moyens agréables et piquants.

* * *

Les sots orgueilleux n'admettent pas la contradiction, parce que c'est une atteinte portée à leurs vaines prétentions.

La science de l'amélioration des hommes, serait plus avantageuse que leur érudition.

En effet : elle nous rendrait plus utiles et plus heureux.

*
* *

Les esprits secs et ponctuels, ont une horloge à la place du cœur.

Ils ignorent ses effusions.

*
* *

L'amour est de l'attraction sexuelle qui peut être sensuelle, intellectuelle ou morale.

En effet : il varie avec l'esprit et les tempéraments.

*
* *

Pour être séduisant : il faut de la virtuosité dans les sentiments.

Exemple : quand on est à la fois, spirituel et charmant.

*
* *

Dans les religions de l'avenir, l'affermissement des caractères devra prédominer.

En effet : « L'on ne s'appuie que sur ce qui résiste ».

La volonté et le bon sens, réussissent souvent mieux qu'une vive intelligence.

En principe, en effet : l'existence demande plus d'idées pratiques, que d'idées supérieures.

* *
*

Il y a autant de différence entre un penseur et un rhéteur, qu'il y en a entre un aigle et un perroquet.

En effet : le rhéteur et le perroquet sont faits pour réciter, et non pas pour planer.

* *
*

L'esprit est une épice qui est bonne partout; sauf cependant pour ceux qui ne le comprennent pas, et qui le prennent souvent pour de la raillerie.

Exemple : des remarques à la fois mordantes et bienveillantes.

* *
*

L'or est moins rare que les qualités morales.

Exemple : il est moins rare que la droiture, que la bravoure, et que les beaux caractères.

Conclusion : les qualités morales devraient avoir plus de valeur que l'or.

Formation de nos natures.

Les gens, les peuples, se moulent sur leur genre d'existence.

Exemples :

La vie pastorale fait des patriarches et des méditatifs.

Les peuples chasseurs forment des gens semblables aux anciens Boers.

La vie nomade produit des pillards.

L'agriculture fait des hommes, solides et judicieux.

L'industrie change les hommes en machines.

Le commerce fait des Carthaginois, des Chinois ou d'anciens Vénitiens.

Les époques de mollesse et de bien-être font pulluler les commis.

* * *

Si l'aptitude professionnelle est nécessaire pour gagner sa vie : elle ne suffit plus quand il s'agit d'avoir des idées générales.

Exemple : quand il s'agit de prévoir les influences extérieures.

* * *

Nous aussi, nous sommes des microbes.

En effet : nous vivons aux dépens de ce qui nous entoure.

Du Germe.

La vie et l'intelligence, ne sont tout d'abord que quelques molécules.

En effet : elles sont en entier contenues dans un germe.

Puis : la chaleur et l'humidité en dégagent la vie.

Exemple : dans le gland du chêne; dans l'œuf des oiseaux.

Les fonctions étant écloses s'assimilent ensuite la nourriture pour produire l'existence.

Conclusion : c'est donc du germe et de sa nourriture que dépend l'individu; et l'on ne peut changer un type qu'en modifiant son germe.

Comment peut-on devenir misanthrope?

Par la vue de son impuissance, devant les défauts ou l'incurie d'autrui.

Exemple : par l'impossibilité d'inculquer de la raison, à ceux qui en manquent.

Pour être compétent en politique, il faut être ferré en psychologie historique et privée.

Exemple : sur les tempéraments des peuples, et sur le caractère de ceux qui les commandent.

Du Progrès matériel.

Les jouissances du progrès matériel produisent :
Notre surmenage, nos besoins factices, la difficulté croissante de vivre; la haine envieuse, le manque de quiétude; et la dégénérescence idéale et physique.
Conclusion : dans ces conditions, le progrès matériel semble coûter trop cher.

* *
*

Il est des beautés humaines, qui font penser aux fleurs sans parfum.
Exemple : la beauté sans pensées et sans expression; les qualités, sans chaleur et sans vie.

* *
*

Pour les équivoques : l'esprit philosophique est un antidote.
En effet : il les analyse, les montre et les explique.

* *
*

Un esprit nourri et alerte est un remède contre l'ennui.
En effet : il apprend, il distrait ou instruit.

Une bonne Prière.

Mieux vaut demander à Dieu : le jugement, la perspicacité et l'activité, que de lui demander ce dont on a besoin.
En effet : si l'on est exaucé, tout viendra par surcroît.

*
* *

L'esprit d'investigation nous replie sur nous-même, et nous pousse à la recherche de la cause des choses.
Par contre : l'aversion pour l'effort intime, l'esprit impulsif ou mondain, nous projettent loin de nous dans la frivolité.

*
* *

Pour être heureux ensemble : les manières de concevoir et de sentir les choses, doivent se ressembler.
Dans ce cas, en effet : on parle la même langue.

*
* *

Il y a beaucoup plus de gens bêtes qu'on ne croit.
Exemple : ceux qui ignorent l'âme humaine; ceux pour lesquels la vanité, les désirs, les habitudes et les partis pris, cachent la vérité.

La démocratie actuelle vient de la jalousie, de l'envie, de la passion de jouir et de la vanité.

Il vaudrait mieux qu'elle vînt : de la justice pratique, de l'expérience et de la simplicité. C'est ce qu'on devrait lui apprendre.

***

Quand on veut aimer quelqu'un, il faut, si cela se peut, oublier ses défauts.

En effet : les défauts atténuent l'affection et l'amour.

***

Ceux qui ne savent pas penser s'ennuient, et pour se distraire, ils aiment à parler sans avoir rien à dire.

Exemple : les esprits vides et impulsifs.

***

Comment connaître le régime d'un fleuve, si l'on ignore celui de ses affluents?

Comment connaître l'existence, si l'on ignore l'âme humaine?

***

Quand on est dans sa voie : l'on est heureux, comme un poisson dans l'eau.

En effet : on est par cela même, dans son élément.

Logique des Idées, Logique positive.

Un raisonnement logique peut-il tromper?
Oui : quand il opère sur des idées, et non sur l'expérience.

Exemples :

Logique des idées : C'est à la fin de l'été que l'on fait ses récoltes. Donc c'est à la fin de cet été, que je ferai les miennes.
Soit : seulement il serait prudent, de ne pas trop y compter.

Logique positive : Voici de l'eau, et voici du sucre : en mettant celui-ci dans celle-là, j'obtiendrai de l'eau sucrée.

*
* *

L'existence humaine peut ressembler à celle des végétaux.
Exemples : chez ceux qui n'ont ni effusion, ni élan; chez ceux qui ne pensent pas par eux-mêmes; ceux dont l'existence n'est qu'une habitude.
Toutefois, ces natures peuvent faire d'excellentes machines.

Les aspérités de caractère, prennent feu par le frottement.

Conclusion : les gens maussades doivent s'éloigner les uns des autres.

*
* *

Au fond, nous ne sommes pas difficiles.

Exemple : quand nous sommes revenus des vanités humaines.

*
* *

La sévérité pour soi, vaut mieux que l'indulgence.

En effet : elle obtient davantage, et habitue à mieux faire.

*
* *

L'action, c'est de la vie, et la vie c'est de l'action.

Conclusion : plus on étudie, plus on vit.

*
* *

Il est des actes qui nous sont personnels.

Exemples : ceux qui sont dus : à notre perspicacité, à notre jugement, à notre à-propos.

D'autres ne sont que des emprunts.

Exemples : ceux que l'on nous suggère; ceux que l'on s'assimile, ou que l'on imite.

Comme le lierre : les natures indécises et molles, s'attachent indifféremment aux appuis de rencontre.

En effet : apprécier sûrement ce qu'elles voient, est pour elles un supplice.

*
* *

L'affection et l'amour, peuvent devenir un art; et voire même une science.

Exemple : quand on ne cesse pas de les perfectionner.

*
* *

Il en coûte cher de dédaigner le nécessaire.

Exemple : quand sous prétexte d'ennui ou de fatigue, on refuse d'apprendre ce qu'il fallait savoir.

*
* *

Les esprits inférieurs préfèrent les satisfactions présentes, à celles du lendemain.

En effet : ils n'ont ni le don, ni la force de prévoir.

*
* *

La force humaine est l'ensemble : de l'organisation, de l'énergie et de l'intelligence.

Or, dans la lutte : c'est la force maxima qui donne la victoire.

La vie dévote et la vie combative diffèrent essentiellement.

En effet : la première demande de l'humilité et de l'onction; et la seconde exige de l'audace, de l'énergie, et de la confiance en soi.

Conclusion : l'éducation dévote n'est pas bonne pour la lutte.

* * *

L'amabilité de la femme devrait équivaloir au travail du mari, et réciproquement.

Malheureusement : l'équilibre en cette affaire n'est guère à espérer.

* * *

L'impulsif préfère : l'effervescence au calme; et l'agitation à l'activité et à la réflexion.

En effet : ses détentes nerveuses sont plus à l'aise, dans les premiers cas que dans les seconds.

* * *

En éducation : la flatterie et le laisser-faire sont des crimes de lèse-humanité.

Exemple : flatter ou laisser croître : la vanité, l'envie, la mollesse et la lâcheté.

En effet : leurs germes se développent aux dépens de l'élève et à ceux d'autrui.

Qu'est-ce donc que la profondeur d'esprit?

C'est l'art de pénétrer le principe des choses.

Exemple : c'est l'art de comprendre les causes et les conséquences de ce qui nous entoure.

*
* *

Une affection bonne et sûre, vaut la peine d'être acquise.

En effet : elle nous charme pendant nos loisirs, et elle nous soutient dans l'adversité.

*
* *

Le charme est la faculté d'éveiller en nous les aspirations de l'esprit, et des sentiments.

*
* *

Une femme dont l'esprit délasse et repose, est un présent des dieux.

En effet : généralement, les femmes comme les frelons aiment à bourdonner.

*
* *

Dans l'éducation, on devrait bien enseigner la manière d'être heureux.

Exemples : en démontrant ce qui est sage, nécessaire et pratique; et, ceci étant acquis, que le bonheur est en soi.

Notre conversation est charmante pour les autres, quand on les fait valoir; et l'on dit alors de nous que nous sommes très aimables.

*
* *

En ces temps d'individualisme à outrance : l'huissier et le gendarme remplacent la conscience.

En effet : tout ce qu'ils ne saisissent pas, devient licite quand cela plaît.

VII

L'homme du Midi vibre trop facilement.
Exemple : il prend feu pour rien.
L'homme du Nord vibre à bon escient.
En effet : il procède, en général, par le raisonnement.

*
* *

L'envers des choses est souvent plus grand que leur beau côté.

Exemples : l'envers du luxe, l'envers du plaisir, l'envers de la vanité.

*
* *

On est heureux ensemble, quand on rivalise d'amabilité.
En effet : chacun en est reconnaissant; et de plus, il en profite.

Les émotions profondes sont silencieuses.

Exemples : les amtiés, les joies, les chagrins concentrés.

En effet : celles qui viennent de la sensibilité, ne dépassent guère l'épiderme.

Exemple : les émotions impulsives ou nerveuses.

*
* *

En politique, il y a plus d'amateurs que de connaisseurs.

En effet : soit par manque d'instruction technique, soit par manque de diagnostic : bien peu de gens sont capables de voir où elle mène.

*
* *

Les civilisations raffinées meurent de l'individualisme et du besoin de jouir.

Témoin : Rome et Byzance.

La nôtre est en train de mériter le même sort.

*
* *

Chaque spécialité exige un état d'âme qui lui est particulier.

Exemples : celui du général ne ressemble pas à celui du simple soldat; et celui d'un épicier ou d'un boulanger n'est pas le même que celui de l'homme d'Etat.

Conclusion : il est fou d'intervertir les rôles et les intelligences.

L'amour des esprits mondains est fait de vanité, ou d'oisiveté romanesque.

En effet : paraître ou « tuer le temps » est leur plus grand souci.

*
* *

Les gens sérieux recherchent ceux qui instruisent. Les gens frivoles préfèrent ceux qui amusent.

*
* *

L'exercice de l'autorité ne doit pas être une question d'amour-propre.

En effet : son seul but réel est l'accomplissement d'une nécessité.

*
* *

Le progrès moral ne suit pas forcément le progrès matériel.

En effet : la matière se manœuvre plus facilement que nos facultés.

*
* *

Une affection motivée, réfléchie et raisonnée, donne le sentiment du calme et de la sécurité.

Avec elle, en effet : on sait où l'on va, et ce que l'on fait.

Les natures nervoso-sérieuses, ont quelque chose de regrettable.

En effet : elles vibrent trop au contact de ce qui ne doit pas être.

Exemple : au contact du manque de bon sens.

*
* *

L'esprit d'une génération est la réaction des fatigues, des travers et des ennuis causés par celle qui la précède.

Exemple : « A père avare, fils prodigue. »

Conclusion : une génération tyrannique travaille pour la liberté de celle qui la suit.

*
* *

Pour un esprit perspicace : il n'est pas de pire souffrance que d'être à la merci de la sottise des autres.

Exemple : quand ils nous perdent, par leur entêtement, par leur vanité, ou par leur orgueil.

*
* *

L'existence devient de plus en plus une question de raisonnement.

En effet : vu la difficulté croissante de vivre, il devient de plus en plus nécessaire de ne pas se tromper.

Etre personnel : c'est faire de soi l'aboutissant et le centre de toutes choses.

***

Notre bon souvenir, vaut plus que notre squelette.
En effet : il vit plus agréablement dans l'esprit de nos amis.

***

Les revers ont leur beau côté.
Exemples : le bien ne sort souvent que de l'excès du mal; et le bonheur trempe moins les hommes que l'adversité.

***

Finalement, on n'est intelligent : que lorsque l'on se guide avec de l'expérience et avec du jugement.
En effet, en dehors d'eux : la réussite n'est qu'une affaire de hasard ou de chance.

***

Notre humeur est alerte avec la brise du nord; accablée sous le siroco; reposée avec les vents de l'ouest; et irritable avec ceux de l'est.
Conclusion : les gens nerveux et impressionnables, peuvent servir de girouettes.

Partir, s'élancer, sortir de soi, bourdonner ou mordre, sont les spécialités des natures agitées.

Tels sont les moustiques.

* *
*

La force des choses, les causes et les conséquences fatales de nos actes, sont des réalités qui ne peuvent pas ne pas être.

Il est donc indispensable de s'en préoccuper.

* *
*

On peut être à la fois pratique et raffiné.

Exemple : quand on allie le goût à l'économie.

* *
*

Qu'est-ce qu'une affection, qui ne sait rien sacrifier à la personne aimée?

C'est de l'attraction égoïste.

En effet : elle ne pense qu'à elle, sans s'inquiéter des joies ou des peines qu'elle cause.

* *
*

Se recueillir, réfléchir, méditer : sont des dispositions d'esprit, qui nous permettent d'ordonner nos idées.

Avec un travail trop intense, l'existence paraît trop courte.

En effet : il fait passer les heures, sans qu'on en ait conscience.

***

Un esprit superficiel et un esprit profond, ne peuvent guère s'accorder.

En effet : l'un s'attache au fond des choses; et l'autre à leur dehors.

***

En ces temps de progrès à outrance, le moral passe de mode, et c'est l'agitation qui devient l'idéal.

En effet : elle permet de s'ignorer, et d'oublier que l'on vit.

***

On glisse naturellement sur la pente de ses instincts.

Conclusion : il suffit de la connaître, pour savoir où l'on va.

***

Quant on peut se suffire à soi-même : la solitude n'est pas à redouter.

En effet : l'on a ainsi toujours quelqu'un, avec lequel on peut causer.

Ce que l'on est, est plus intéressant que ce que l'on a été.

En effet : on peut avoir changé, en bien ou en mal.

*
* *

On n'est vraiment grand et généreux, que dans son testament.

*
* *

A quoi bon déflorer ses chagrins intimes, son idéal brisé, ses espoirs déçus, puisqu'ils n'intéressent pas les autres !

Mieux vaut le plaisir amer, d'en emporter avec soi le secret dans la tombe.

*
* *

Au début de la vie : on juge les autres d'après soi ; et quand on est bon et candide, l'on croit qu'il suffit d'agir pour le bien.

Plus tard : on voit qu'il faut surtout se défendre, des vilenies et des bêtises d'autrui.

*
* *

L'antidote du mal : c'est la droiture et l'énergie.

En effet : ce sont elles qui peuvent le mieux l'enrayer.

Les gens sans discernement sont des navigateurs dépourvus de boussole et de gouvernail.
En effet : ils manquent de ce qu'il faut pour se diriger.

*
* *

L'examen « du pour et du contre » ressemble au calcul des recettes et des dépenses.
En effet : il s'agit d'en déterminer le solde.

*
* *

En général : au lieu de voir les choses telles qu'elles sont, les hommes les regardent à travers leur « moi ».
Il faut perdre trop de temps, pour les en dissuader.

*
* *

Il faut être sincère, dans ses affections.
En effet : la tromperie y est courte; et sa revanche peut coûter cher.
Exemple : quand la vengeance en résulte.

*
* *

Heureux l'amour, qui se joint à l'affection.
En effet : par cela même, il devient plus solide.

La grandeur d'âme et l'esprit mercantile, s'excluent mutuellement.

En effet : celui-ci ne pense qu'à amasser; et celle-là au contraire, tend toujours à s'élever.

∗
* *

Il ne faut pas atténuer les souffrances causées par les défauts.

En effet : c'est le meilleur moyen de les corriger.

∗
* *

Nos impressions, nos pensées ne durent pas : elles tournent tout au plus, comme des feux à éclipse.

Exemples : nos bons souvenirs, nos moments affectueux.

Hâtons-nous donc, d'en jouir quand ils brillent.

∗
* *

Pour que nos facultés s'épanouissent, il nous faut des loisirs.

En effet : le surmenage les déflore et nous aigrit.

∗
* *

On plaît : quand on est expansif, spirituel et instruit.

En effet : on intéresse les autres en les amusant.

Avec de l'initiative, de l'observation et du jugement : l'on progresse sans cesse.

En effet : le jugement consolide chaque remarque perçue; et l'initiative la fait aboutir.

*
* *

Dans les conflits, dans la concurrence, et dans les batailles : l'originalité, la nouveauté, les surprises, sont des facteurs puissants, qu'il faut savoir faire naître.

En effet : elles trompent et affolent.

*
* *

La philosophie permet d'être prophète à ses heures.

Exemple : la philosophie de l'histoire permet de préjuger l'avenir.

La psychologie permet de prévoir la conduite.

*
* *

La prévoyance aplanit toutes choses.

En effet : elle éclaire au loin l'avenir, et elle empêche les surprises.

Exemple : elle pressent les changements, et permet d'y obvier.

La belle humeur, l'esprit, l'enjouement sont nécessaires dans la vie commune.

En effet : ils nous rendent aimables; et font passer le temps agréablement.

*
* *

Ce n'est ni la parenté, ni les conventions qui donnent l'affection : c'est ce qui plaît.

Conclusion : en affection, la parenté et les conventions ne peuvent être qu'un souvenir plus ou moins attrayant.

*
* *

Le point culminant de la pensée, est celui d'où elle juge ce qu'il convient de faire.

Ce point est celui où la clarté de l'esprit s'unit à l'expérience.

*
* *

Pour les exigences de la vie : le Progrès actuel est un cercle vicieux.

En effet : il augmente progressivement les besoins et les salaires.

Or : cette augmentation à son tour renchérit toutes choses; et ainsi de suite crescendo, sans qu'on en voie la fin.

La simplicité nous met à l'abri des servitudes de l'or.
Exemple : à l'abri des bassesses et des tentations.
En effet : elle leur préfère le nécessaire et la tranquillité.

*
* *

Au milieu des vents et des flots déchaînés; en face du tonnerre et des éclairs; sous l'impression des tremblements de terre; nous percevons, enfin, la grandeur de la Nature et notre fragilité.

*
* *

Dans les circonstances difficiles : toutes les belles paroles de la terre ne valent pas la justesse du coup d'œil.
Exemples : pour déjouer une intrigue; pour parer un mauvais coup.
Il importe donc beaucoup de la développer.

*
* *

La paix sociale ne dépend pas d'une panacée quelconque.
Elle dépend : de l'apaisement de l'envie et de la vanité; de la recherche du bonheur en soi; et par suite du retour à la simplicité.
En effet : dans ces conditions, l'on ne sacrifiera plus son repos aux chimères.

Notre caractère est fait : de bonne et de mauvaise humeur, d'élans heureux ou fâcheux, d'une santé solide ou précaire.

Le tact et l'intelligence consistent à ne montrer que ce qui convient.

*
* *

Dans les conflits, il faut tâcher de mettre de son côté, la supériorité de l'esprit et la force des choses.

En effet : l'on n'a plus alors contre soi, que le hasard et la fatalité.

*
* *

On oublie trop que la répétition constante de ses défauts, se change en répulsion.

En effet : on fuit toujours ce qui fait souffrir.

*
* *

On peut être passionné à froid.

Exemples : dans les jouissances intellectuelles; dans l'exaltation mystique.

*
* *

« Les conseilleurs, ne sont pas les payeurs. »

Exemple : quand ils s'inquiètent de ce qui leur plaît, plutôt que de notre bourse.

On ne devrait ouvrir la bouche que pour dire des choses utiles, aimables ou spirituelles.

En effet : les conversations, dès lors, deviendraient charmantes.

*
* *

Les gens personnels possèdent l'esprit de contradiction, à l'état inné.

En effet : ils repoussent d'instinct, tout ce qui ne vient pas d'eux.

Il en est de même, pour les gens maussades et paresseux.

*
* *

Chez les esprits faibles et paresseux : l'orgueil peut être une qualité.

Exemple : quand il les secoue et les fait marcher.

*
* *

Un savant ou un spécialiste, peuvent n'être que des cuistres.

Exemple : quand ils manquent de tact et de bon sens.

*
* *

La droiture est une sorte d'instinct de propreté morale.
En effet : tout ce qui salit lui répugne.

Le discernement demande de la réflexion et de la clarté d'esprit.

Conclusion : les esprits frivoles et paresseux en sont dépourvus.

* *
*

L'organe porte en lui, le besoin d'agir et de se satisfaire; c'est ce qui constitue l'instinct.

Exemple : les jambes invitent à marcher; le cerveau produit le besoin de penser; la langue pousse à l'envie de parler; et la bouche des nouveau-nés, leur apprend à téter.

* *
*

L'esprit paraît être un fluide analogue à l'électricité.

En effet : c'est son intensité et son courant dans les nerfs, qui produisent nos mouvements.

Ce qui le prouverait, c'est que ceux-ci sont nuls quand il dort; et qu'ils recommencent lorsqu'il se réveille.

* *
*

La meilleure des éducations consiste à faire toucher du doigt, la conséquence des choses.

En effet : celle-ci brise fatalement les révoltes inutiles.

Exemple : pour faire connaître le feu : jamais aucun discours ne vaudra une brûlure.

Être malicieux : ce n'est pas être méchant.
C'est avoir simplement, l'esprit pétillant.
Les sots s'y trompent, et souvent s'en froissent.

* * *

En affection : le don de soi-même est pour les autres un puissant attrait.

En effet : il prouve que l'on est aimé; il empêche les doutes et les arrière-pensées; et il permet par suite, la confiance et l'effusion.

* * *

La bêtise est plus arrogante que l'intelligence.
En effet : elle manque forcément de mesure et de tact.

* * *

Savoir ne pas déplaire, est plus important encore que de savoir plaire.

En effet : le souvenir de l'irritation ou de la souffrance, dure plus longtemps en nous que celui du plaisir.

* * *

Les idées profondes effraient le vulgaire.
En effet : elles produisent sur lui, l'effet du vertige.

Mieux vaut être « quelqu'un », que d'être charmant, brillant ou aimable.

En effet : c'est plus pratique, plus sûr et plus sain.

*
* *

Dans les circonstances difficiles, le zèle ne suffit pas.

Il faut encore y joindre le flair et la force.

En effet : le flair fera voir l'obstacle; et la force permettra de le surmonter.

*
* *

La bêtise d'autrui peut nous rendre muets.

Exemple : quand elle est assez grande pour nous suffoquer.

*
* *

Ce sont les plus faibles et les plus sots, qui se plaignent surtout des froissements de la vie.

En effet : pour gagner du temps, les natures fortes les domptent ou les oublient.

*
* *

La légèreté est un poison mortel.

En effet : elle se rit de tout, même de ce qui est sûr et sérieux.

Physique et Moral.

La paresse et la vaillance viennent des tempéraments; les facultés intellectuelles ont leur centre dans le cerveau; la sensibilité réside dans les nerfs; et c'est dans les viscères que se ressentent les appétits et les sentiments.

Exemples : c'est dans les tempéraments énergiques et impulsifs, que l'on trouve la vaillance; c'est dans le cerveau que l'on cherche ses pensées; c'est dans l'estomac que la faim réside; et c'est dans le cœur et dans les entrailles que l'on éprouve les émotions profondes.

* * *

La mémoire est faite pour se rappeler ce qui nous est utile; et non pour rabâcher, ou pour bavarder.

* * *

Le moqueur est parfois plus ennuyé, que celui dont il se moque.

Exemple : quand il s'aperçoit qu'on le surveille.

En effet : la moquerie n'est pas toujours spirituelle ou louable.

Exemple : quand elle est lourde ou envieuse.

La caractéristique de l'âme moderne, c'est la passion des jouissances, de l'agitation et de l'égalité.

Exemple : on lui sacrifie les réflexions profondes, les joies intimes, et sa liberté.

Il y a incompatibilité d'intelligences : quand l'une étouffe l'autre par sa lourdeur, ou par son étroitesse.

En effet : celle-ci se révolte, quand elle en a assez.

La clarté de l'esprit est aussi précieuse que celle de la vue.

En effet : c'est elle qui permet le tact, et l'appréciation de ce qui nous convient.

Le mot « conseil » déplaît aux présomptueux.

Les malins lui substituent celui de « renseignements ».

Aux esprits philosophiques, il faut le grand air et la liberté.

En effet : ils cherchent la vérité, là où elle se trouve, et comme ils l'entendent.

Certains vices valent mieux que le défaut de sens moral.
Exemples : la colère, la gourmandise.
En effet : dans le premier cas, le mal se localise; et dans le second, il se généralise.

*
* *

On ne peut pas lutter contre des concurrents, mieux outillés que soi.
Il en est de même, dans le domaine de la pensée.
Exemple : les esprits sans réflexion et sans sagacité, ne peuvent pas lutter contre ceux qui en possèdent.

*
* *

On reconnaît les mystiques (religieux ou laïques) : à la difficulté qu'ils ont de penser par eux-mêmes; ou à celle de contrôler leurs propres idées.
Exemples : les utopistes, les sectaires, les visionnaires.
En effet : ils préfèrent rêver.

*
* *

Ce qu'il y a de mieux, en affection et en amour : c'est la compatibilité des goûts et des intelligences.
Avec elles, en effet : la paix et l'harmonie ne peuvent pas ne pas être.

Une fatigue bien méritée :
S'efforcer d'écrire ou de parler, sans avoir rien à dire.

Un tempérament actif et calme, est à désirer.
En effet, il possède par cela même en principe : la réflexion, le sang-froid et la vivacité.

L'égoïsme et la personnalité, ne sont pas toujours de bons conseillers.
Exemple : quand ils éloignent de nous, ceux qui nous veulent du bien.

Il faut vouloir le bien, sans penser à soi.
Exemple : pour être utile, ou pour être agréable.
Sans quoi, il courrait risque d'être dénaturé.
Exemple : par nos partis pris, ou par notre égoïsme.

Pour avouer ses péchés : il faut d'abord les connaître.
Conclusion : la connaissance de soi-même, est un précieux auxiliaire pour la Religion chrétienne.

Méfions-nous, quand on cesse de nous faire des observations.

En effet : il est à craindre que l'on en soit lassé.

*
* *

Abstraire ses pensées : n'est pas une chose banale.

En effet : c'est concentrer des idées vagues, pour mieux les apprécier.

*
* *

On se retrouve avec bonheur, dans l'affection de ceux que l'on aime.

C'est même peut-être là, la cause de l'affection.

*
* *

Un homme est relativement complet : lorsqu'il a une nature droite, active et sympathique.

En effet : il sait se diriger, tout en se faisant aimer.

*
* *

L'expérience vaut mieux que la prudence.

En effet : celle-ci fait hésiter, quand la première permet d'agir.

Les natures rêveuses ou sentimentales, les consciences larges ou faibles, ne brillent généralement pas par le sens moral.

En effet : elles lui préfèrent ce qui leur plaît.

* * *

Les natures d'élite (beauté morale, dévoûment, abnégation, etc.), sont passées de mode.

En effet : de par définition même : la Démocratie (égalité de tout le monde) est le règne de la vulgarité.

* * *

Les esprits investigateurs sont beaucoup plus lents, que ceux qui ne le sont pas.

En effet : ils recherchent le dessous des choses, dont ceux-ci ne s'occupent point.

* * *

La récompense du bien est plus agréable et plus gaie, que celle de ce qui est mal.

En effet : la première procure le contentement de l'esprit et de la conscience; et la seconde laisse après elle, l'inquiétude et le remords.

De jolis instincts, de jolies manières, séduisent plus vite que ce qui est sérieux.

Exemples : les coquetteries, les grâces du beau sexe, séduisent plus vite que son bon sens ; — de jolis discours séduisent mieux, que ceux qui améliorent.

*
* *

La réflexion, l'étude de soi, fortifient l'esprit.

La mondanité, l'amour du plaisir, le volatilisent.

En effet : ceux-ci projettent l'esprit au dehors ; et ceux-là au contraire, le replient en lui-même.

*
* *

En fait de sentiments agréables : la qualité vaut mieux que la quantité.

En effet : avec la qualité, ils sont plus intenses, plus profonds, et par suite plus durables.

*
* *

L'esprit philosophique est surtout bon, pour la direction.

Par contre : l'esprit d'imitation ou d'assimilation, suffit pour la routine.

Dans ce cas-ci, en effet : on n'a pas à penser.

Qu'est-ce qui vaut le mieux?

Un enfant charmant et mou; ou un enfant bon et intrépide?

***

La vie sociale est factice.

Exemples : ses modes successives, ses conditions changeantes, ses opinions éphémères.

Il n'en est pas de même pour les lois de la vie.

Exemple : pour la manière de se conduire.

***

Il faut que le cœur et le cerveau soient fermes, et non pas vaporeux.

En effet : il faut pouvoir édifier sur eux.

***

Comment apprendre, quand on ne parle que pour s'étourdir!

Conclusion : les bavards et les mondains ne sont pas aptes à s'instruire.

***

Par définition même : le beau sexe ne peut être ni joli ni gracieux, quand il copie le sexe laid.

La grandeur d'âme peut être une suprême ironie.
Exemple : quand elle rend, en se jouant, le bien pour le mal.

*
* *

Il est irritant d'être critiqué, parce que l'on est dans le vrai.
En effet : c'est injuste et stupide.
Exemple : quand l'on combat d'insultants partis pris.

*
* *

Tout devient facile, quand c'est le tact qui tranche les questions.
En effet : sa nature est de calmer ce qui froisse.

*
* *

La vanité des vanités :
Se complaire dans le clinquant, et dans l'éphémère.

*
* *

Maximes du bon vieux temps : « Aimez-vous, aidez-vous les uns les autres.
Maximes nouvelles : « Enviez-vous, haïssez-vous; exploitez-vous les uns les autres. »

Malgré les apparences : le beau sexe aime à être conquis, par le sexe fort.

En principe d'ailleurs, c'est son intérêt.

Malheureusement, vu son humeur « ondoyante et diverse » : il est souvent difficile d'en connaître le moyen.

Quand l'on est violent et sans tact : l'on est par suite brutal.

En effet : rien n'arrête alors la bestialité.

En principe : en dehors de leur réputation et de leurs avantages personnels, les hommes s'intéressent peu au bien pour lui-même.

Exemple : au bien public, qui pourtant est le leur.

Au contraire : soit par nonchalance, soit par intérêt personnel, soit par bêtise, soit par esprit de contradiction, ils sont souvent portés à s'y opposer.

Exemples : dans les parlements, dans les réunions et dans les coteries.

La naïveté et la frivolité écœurent dans la vieillesse.

En effet : elles prouvent une existence futile et sans but.

La simplicité donne l'impression de la sécurité.

En effet : on ne craint pas avec elle, les conséquences de l'orgueil et de la vanité.

***

Quand on a besoin des autres : il faut généralement leur donner plus que l'on n'en reçoit.

En effet : c'est une raison, pour se faire désirer.

***

La peur est un puissant moteur.

Exemple : la peur de l'enfer; les sauts, les reculs, les courses qu'elle nous fait faire.

***

Une femme aimable, spirituelle et jolie s'il y a lieu : développe instinctivement les facultés de l'homme.

En effet : elle les excite par ses intuitions, par sa finesse; et aussi par le plaisir, qu'il éprouve à lui plaire.

***

En jugeant les gens, par leurs actes spontanés : on les connaît quoi qu'ils fassent.

En effet : en principe, ils ne peuvent pas être feints.

Ce sur quoi on peut le plus compter dans l'homme : c'est sur son plaisir, sur ses intérêts, et sur ses instincts.

En effet : son zèle est moindre pour le reste.

*
* *

Un orgueil fondé nous indispose : parce qu'il tend à nous écraser.

Mais un orgueil qui ne l'est pas, prête à la colère ou à la risée.

Exemples : un orgueil entêté; un orgueil grotesque.

*
* *

Ceux qui perçoivent trop vite les choses, ne peuvent en voir que la surface.

En effet : ce n'est qu'avec du temps, de l'observation et du raisonnement, que l'on en voit le fond.

*
* *

Une des plus agréables manières de vivre : c'est d'ignorer que l'on vit.

De cette façon, en effet : on prend la vie comme on la croit; et non pas comme elle est.

Malheureusement : les déceptions et les surprises, sont dès lors à redouter.

Le plus grand bénéficiaire de la civilisation actuelle, c'est la ploutocratie.

En effet : plus son or circule, plus il lui rapporte.

C'est pourquoi elle pousse tant à l'excès des besoins.

*
* *

La bravoure! c'est l'ivresse et le mépris du danger.

*
* *

L'envers du plaisir et du bien-être, est la mollesse et la déliquescence.

Conclusion : plus les premiers augmentent, plus celles-ci grandissent.

*
* *

S'il y a lieu : il faut imposer le nécessaire, à nos facultés.

Exemple : à une raison, ondoyante et timide.

*
* *

Ce n'est pas avec de la beauté, que l'on conduit les hommes.

C'est avec l'intérêt, la force et l'habileté.

Conclusion : les natures idéales ne sont pas faites pour diriger les hommes.

L'esprit est tranquille : quand on tend à monter, plutôt qu'à descendre.

En effet : l'on éprouve moins, les frayeurs de la crainte.

*
* *

L'audace est une force.

En effet : elle surprend et terrifie les somnolents et les timorés.

*
* *

La philosophie des choses est faite : de leur force initiale, de leur trajectoire et de leur portée.

Exemple : la balistique.

Il en est de même, dans le domaine des idées.

*
* *

On est toujours étrangers l'un pour l'autre, quand l'on ne se comprend pas.

En effet : l'entente des idées et des sentiments, n'est pas dès lors possible.

*
* *

La légèreté est moins haïssable, que la personnalité ou que l'égoïsme.

En effet : elle est plus naïve, et moins intéressée.

On peut s'habituer à mourir tranquille.
Exemple : en pensant de moins en moins.

***

Il existe de belles natures, que l'on ne fréquente qu'à regret.
Exemple : la bonté et le dévoûment unis au mauvais caractère.

***

Les paroles peuvent n'être que des échos, des leurres ou des mensonges.
C'est pourquoi il importe de les contrôler.

***

« Mieux vaut tard que jamais. »
C'est une vérité, mais ce n'est pas une excuse.
En effet : il importe que chaque chose soit faite en son temps.

***

On n'est vraiment intelligent, que lorsqu'on peut saisir le nœud des questions.
Evidemment, puisque c'est de leur dénoûment qu'elles dépendent.

Les sots, les gens présomptueux et naïfs, tendent, sans s'en douter, à nous abêtir.

En effet : ils tendent plus à s'imposer, qu'à écouter le bon sens.

*
* *

On devrait apprécier les hommes d'après leur jugement.
En effet : c'est lui qui finalement, décide de notre vie.

*
* *

La bonté aveugle est une fêlure, par laquelle on se vide.
Exemple : la générosité sans discernement.

*
* *

En quoi est-on humain, quand on arrache aux malheureux l'espoir d'une meilleure vie?

*
* *

Les mots sont à la pensée, ce que les cartes sont au jeu.
En effet : ils mettent sous les yeux, les combinaisons de l'esprit.

*
* *

La philosophie a plus de poids que la théologie.
En effet : celle-ci est l'œuvre de la pensée; et celle-là est l'induction et la déduction de la force des choses.

Ce qu'il y a de déconcertant chez la plupart des hommes : c'est qu'ils voient plus ce qui leur plaît que ce qui est; et qu'ils supportent difficilement, qu'on leur dise le contraire.

En effet : ils sont infatués, de ce qu'ils ont acquis.

*
* *

Pour bien finir, il faut avoir des visées pratiques.

En effet : quel qu'on soit, il suffit d'en manquer, pour ne pas réussir.

Exemple : Napoléon Ier.

*
* *

L'imagination multiplie nos idées et dépasse le visible.

Conclusion : l'imagination pratique, augmente **notre valeur**.

Exemple : elle facilite les inventions.

*
* *

La conception du bonheur dépend de nos natures.

Exemple : pour les natures aimantes, douces et pensives, le bonheur se trouve dans l'entente et la tranquillité.

Pour les natures exubérantes ou impulsives, il se trouve dans l'exaltation nerveuse; ou dans l'assouvissement des **besoins factices**.

Les esprits étroits préfèrent le détail à l'ensemble.
En effet : celui-ci exige des conceptions plus vastes.

*
* *

Une piété sans consistance vaut-elle mieux qu'une droiture énergique?
Non : parce qu'elle est incapable de diriger la vie.

*
* *

L'âme est l'origine commune de la vie privée et de la politique.
En effet : celle-ci nous montre nos passions en grand.
Exemple : les convoitises et l'intrigue.
Conclusion : la vie privée apprend la politique; et réciproquement.

*
* *

Paroles mystiques, mais naïves :
« L'intelligence! que voulez-vous que cela me fasse : on n'a pas besoin de cela, pour aller au ciel. »

*
* *

La vraie intelligence doit être pénétrante.
En effet : elle ne doit ni se tromper, ni se laisser tromper.

Ce que les enthousiastes du Progrès ne veulent pas voir : c'est que si le bien-être se démocratise, les vices en font autant.

Exemple : la bonhomie et l'honnêteté s'en vont; et l'envie augmente.

* *
*

La résultante des forces du pour et du contre, est la solution des questions.

Le difficile est de bien poser toutes les données, sans omettre celles qui ennuient.

* *
*

La réussite n'arrive souvent qu'au dernier effort : parce qu'en lui se trouve notre plus puissant élan.

Exemples : dans la lutte, dans les rivalités, dans les cas désespérés.

* *
*

On devrait classer les hommes par espèces, comme on le fait pour les plantes.

Exemple : il y aurait la catégorie des gens sans jugement et sans esprit pratique; celle des esprit étroits et entêtés; celle des intelligences claires et réfléchies; celle des orgueilleux, des vaniteux, des égoïstes, etc.

En effet : à première vue, on saurait dès lors à qui l'on s'adresse.

La chaleur communicative des sentiments fait naître la sympathie et l'union des âmes.

Quant à la sensibilité, elle produit surtout des sensations nerveuses.

Exemple : des exaltations passagères et sans fond.

**
* *

Pour être respecté : il faut éviter les railleries et les reproches.

En effet : il faut pour cela que notre souvenir, soit sympathique et grave.

**
* *

La rigueur des mathématiques ne convient pas aux choses de la vie.

Démonstration par l'absurde : J'ai vécu dix ans dans de telles conditions.

Donc en un an, j'ai vécu dix fois moins; et dans cent ans, je vivrai cent fois plus.

Ce qui est stupide.

**
* *

Ce qu'il y a de mieux à faire avec les médisants : c'est de les oublier.

En effet : ils se fatiguent à la longue, de perdre leur temps et d'être méprisés.

Les conseils donnés par la suffisance et par la légèreté, sont déconcertants.

En effet : ils pèchent par la base.

*
* *

S'il est agréable d'être flatté, il est plus agréable encore d'être sûr de ce que l'on vaut.

En effet : on est ainsi plus sûr de soi.

*
* *

En ne demandant aux gens que ce qu'ils peuvent donner : on s'évite par cela même des désillusions.

En effet : « D'un sac de charbon, on ne peut tirer un boisseau de farine. »

Ce qui importe, c'est de connaître la valeur de chacun.

*
* *

Ceux qui rougissent de leur infériorité, s'éloignent de ceux qui leur sont supérieurs.

En effet : ils craignent d'être dominés, ou devinés par eux.

*
* *

En amour : il faut de l'esprit ou des occupations.

En effet : il ne peut pas toujours se suffire à lui-même.

Dans les circonstances difficiles : il faut voir les choses de haut.
Exemple : il faut y dominer ses ennemis et les événements.

* * *

Il faut toujours obéir, ne serait-ce qu'à la fatalité ou à ses besoins.
Une obéissance juste ou nécessaire, n'avilit donc pas.

* * *

Améliorer quoi que ce soit, est une cause de plaisir.
En effet : outre l'avantage qu'on en retire, l'on en éprouve une juste fierté.

* * *

Où se trouve la réussite?
Dans l'activité d'une expérience sagace et pratique.

* * *

L'esprit ne gâte pas un caractère sérieux.
Il lui donne au contraire, du relief et du piquant.
Exemple : un esprit philosophique enjoué et mordant.

Prévoir les choses, c'est les voir venir, et par suite c'est pouvoir les éviter, les canaliser, ou en profiter.

On peut faire honte aux autres en leur montrant que l'on peut mieux faire qu'eux.

En effet : il est humiliant, de se trouver inférieur à autrui.

Deux natures peuvent fusionner ou se fondre ensemble, sans perdre pour cela leur personnalité.

Exemple : en éprouvant les mêmes impressions, les mêmes pensées et les mêmes sentiments, tout en conservant leur indépendance.

L'égoïsme possède la nature du serpent.
En effet : il rampe, il se redresse; et il mord comme lui.

Bien sottes sont les natures, qui se renferment trop en elles-mêmes.

En effet : elles se privent du plaisir et du profit, de l'échange des idées.

Comprendre ensemble les maux de la vie ou de l'idéal blessé, unit les cœurs et les intelligences.

En effet : cela fait naître des sentiments communs et profonds.

**

Une naïveté prétentieuse et agressive, irrite forcément.
Exemple : une nature faible et autoritaire.

VIII

Pour être pratique, il faut de la volonté et de la clarté d'esprit.

En effet : il faut discerner ce qui est bien ou utile, puis l'exécuter.

**

Finalement : on préfère vivre avec ceux qui nous apprennent, plutôt qu'avec ceux à qui l'on apprend.

En effet : on éprouve moins de fatigue, tout en ayant plus de profit.

**

Echanger ses connaissances, est une cause d'amitié.
En effet : c'est faire acte de confiance et d'utilité.

L'entêtement est de la ténacité dénuée de raisonnement.
Donc : plus il faut de raisonnement dans une affaire, plus il est à craindre.

* * *

Les mauvais caractères sont faits : de rebuffades, de maussaderie et d'aigreur.
Ils ruent ou se cabrent, comme des chevaux vicieux.
S'éloigner d'eux, est un soulagement.

* * *

Quand on ne connaît pas les hommes : on ne peut pas être un bon chef.
Exemple : quand on ignore leur jugement, leur force morale, et leur sagacité.
En effet : l'on ne peut pas en tirer le parti maximum; et de plus on les froisse, en ne les comprenant pas.

* * *

L'imagination, l'intuition, la généralisation affinent nos instincts animaux.
Exemples : l'art culinaire; tous les raffinements.
Conclusion : les animaux ont des besoins plus simples ou moins pervers que l'homme.

Il faut des hommes supérieurs pour encadrer les foules, de même qu'il faut des rives pour endiguer les fleuves.

L'orgueil et l'égoïsme peuvent faire des spécialistes : mais à coup sûr ils ne font pas des natures sympathiques.
En effet : ils ne peuvent que nous nuire, ou nous agacer.

La mort guérit les blessures incurables.
Exemple : elle nous délivre du néant de la vie; et des inconséquences de l'esprit humain.
Exemple : des lacunes du bon sens.

« Dieu se chargera bien de défendre son Église. »
Soit : mais ses ministres manquent de charité et de grandeur d'âme, en ne l'aidant pas.
Exemple : en ne pratiquant pas les règles de la défense.

Si « le temps c'est de l'argent » : l'expérience vaut de l'or.
En effet : il faut pour la former, accumuler du temps.

Dieu : c'est la force des choses; c'est la philosophie de l'histoire.

En effet : ces manifestations sont l'ossature même de sa volonté.

Dieu n'est donc pas un ensemble de conventions et de textes.

***

On pardonne peu à ceux qui voient notre égoïsme, nos faiblesses et nos intrigues.

En effet : c'est ce que nous tenions le plus à cacher.

***

Les qualités attirent et les défauts repoussent.

Conclusion : pour être aimé, il faut atténuer ceux-ci et augmenter celles-là.

***

Le remède contre la démocratie : n'est ni dans son mépris, ni dans la lutte contre elle.

Il est dans son éducation.

Exemples : dans l'évidence de ce qui se peut, et de ce qui ne se peut pas; dans celle de ce qu'il faut, et de ce qu'il ne faut pas.

En effet : le peuple ne comprend bien que ce qu'il touche du doigt.

Sans raisonnement et sans discernement : on appartient à l'espèce des esprits inférieurs.

En effet : les actes ne peuvent être dès lors, que des imitations ou des fantaisies.

*
* *

La mémoire exige moins de peine, que le discernement.

En effet : elle perçoit les choses, sans avoir à les juger.

*
* *

On souffre d'obéir à ceux que l'on méprise.

En effet : c'est une humiliation de tous les instants.

*
* *

La lutte est plus agréable et plus saine, que le découragement.

En effet : elle dissipe la tristesse; et fortifie les cœurs.

*
* *

L'esprit philosophique et la bonté, vont très bien ensemble.

En effet : celle-ci atténue le caustique du premier.

La moquerie sans esprit, sans tact et sans but : n'est que de la facétie de mauvais aloi.

En effet : elle manque de sel, et de raison d'être.

* * *

En affection : un dévoûment aimable, avisé et pratique, est ce qui vaut le mieux.

En effet : c'est bienfaisant, solide et sérieux.

* * *

L'égoïsme est un microbe, qui dévore le milieu dans lequel il vit.

En effet : sa fonction, si l'on n'y prend garde, est de se substituer aux intérêts et aux convenances d'autrui.

* * *

Maximes décevantes :
« Je laisse faire le bon Dieu. »
« Le bon Dieu me défendra. »
« Il n'arrive, après tout, que ce que le bon Dieu veut »; etc., etc.

En effet : ce sont de simples prétextes, à incurie et à paresse.

L'indépendance et la santé, valent bien la peine qu'on s'en occupe.

En effet : elles rendent l'esprit libre et gai.

* * *

Quand les sensations de l'esprit et du cœur sont trop impulsives, elles sont par suite éphémères.

Exemples : l'effervescence des pensées, la volubilité des paroles, l'exubérance des sentiments.

En effet : « Tout ce qui est violent ne dure pas. »

* * *

Le rire du Midi est sec. superficiel et bruyant.

Le rire du Nord est réfléchi, contenu et profond; et par suite souvent un peu ironique.

En effet : il renferme la vision du dessous des choses.

* * *

On ne travaille avec passion ou on ne s'élève l'âme, que lorsqu'on y est poussé par un idéal.

Exemples : par l'amour de l'art, par l'espoir d'une vie meilleure, par le goût de bien faire, par l'espoir de réussir.

Conclusion : il faut développer l'idéal, dans le cœur de chacun.

Pour être un bon sectaire : il suffit d'avoir l'esprit étroit et entêté.

En effet : on est dès lors réfractaire, à tout ce qui est opposé à ses partis pris.

* * *

Les passions et l'esprit philosophique vont assez bien ensemble.

En effet : celui-ci canalise le rendement de celles-là.

Exemple : il rectifie l'ambition et la cupidité.

* * *

Pour être bien servi : il faut pouvoir être son propre contremaître.

En effet : « Il n'y a que soi à ses noces », devient un adage de plus en plus vrai.

* * *

L'empire sur soi, l'effort moral ou intellectuel, doivent être nos facultés les plus délicates, car ce sont celles que le soleil flétrit tout d'abord.

Exemples : chez les nègres, sous les Tropiques; et plus l'on s'en rapproche.

Les présomptueux nous agacent : par leur ridicule, par leurs bévues habituelles, et surtout par leur manque de discernement.

En effet : c'est celui-ci qui les empêche de se voir tels qu'ils sont.

* * *

Il est facile d'être heureux, quand on ne tient pas à la sécurité.

En effet : il suffit pour cela, d'être insouciant et gai.

* * *

Les gens cupides se moquent des beaux sentiments.

En revanche : le mépris qu'inspirent leur dureté, leur égoïsme et leur orgueil, ne peut guère les flatter.

* * *

La Démocratie met son idéal dans l'égalité des jouissances.

Or, l'égalité du courage, de l'énergie, de la force et de l'intelligence ne peut pas exister.

Donc, il y aura toujours inégalité dans ce que l'on fait, et par suite, dans ce que l'on récolte.

* * *

L'amitié : c'est l'art et le plaisir, de penser à deux.

Nous sommes formés d'anomalies et de contrastes.

Exemple : un tel est à la fois prodigue et intéressé; tel autre a de l'intelligence et manque de jugement.

Il ne faut donc pas s'étonner, de l'étrangeté des gens.

*
* *

Les esprits débiles (naïfs, futiles, impulsifs, etc.) : manquent des qualités qui viennent du raisonnement.

Exemple : ils ne savent ni peser ni conclure, ni envisager tous les cas d'une question.

*
* *

Quelle est la nature immatérielle d'un germe animal?

Où se trouvent en lui : les principes de la vie et de la pensée?

Comment se développent-ils?

Ces questions renferment le secret de notre être.

*
* *

La reconnaissance ne se rencontre guère, que chez les natures qui sont bonnes et justes.

En effet : les autres croient facilement que tout leur est dû.

Exemple : les natures personnelles, orgueilleuses ou égoïstes.

On doit surtout son mérite acquis : à sa puissance de travail, et à l'intensité exacte de ses perceptions.

Déprimer ou empêcher ces facultés, est donc un crime de lèse-humanité.

*
* *

Pourquoi parler pour ne rien dire?
Ne vaut-il pas mieux, penser pour s'instruire?

*
* *

La passion du plaisir et le sérieux de l'esprit, s'excluent forcément.

En effet : l'une vit de distractions, et l'autre de réflexion.

*
* *

Un amour profond supporte facilement beaucoup de défauts.

Exemples : de l'emportement, de la malice, de l'étourderie.

En effet : il ne peut être détruit, que par des amertumes aussi grandes que lui.

*
* *

Le cœur se dessèche avec les années.

En effet : il devient sceptique, par suite de ses déboires constants et progressifs.

C'est dans le mariage, qu'un esprit léger est surtout regrettable.

En effet : il en naîtra des innocents, qui sont voués au malheur.

Exemple : au manque de prévoyance et de direction.

Un philosophe calme et pratique, va finalement plus vite que les agités.

En effet : il sait mieux qu'eux, trancher les questions et les difficultés.

La suffisance est de l'orgueil puéril.

Mais, quand elle est jointe à l'arrogance, elle n'est plus tolérable.

En effet : elle devient dès lors, irritante et agressive.

Les bêtes n'obéissent : qu'à leurs habitudes, à leurs instincts ou à l'imitation.

Il en est de même chez les gens, baptisés du même nom.

Quand on fait comme tout le monde, sans discernement : on agit comme les oies ou comme les moutons.

On est relativement parfait : quand à la bonté et à l'esprit philosophique, on joint les qualités du diplomate et du soldat.

En effet : on est dès lors sympathique, habile et combatif.

*
* *

Le mariage moderne est surtout une question d'intérêts matériels.

En effet : le don mutuel de soi, et l'unité d'entente, y sont de plus en plus inconnus.

*
* *

La bonté peut être idiote.

Exemple : celle qui se prive pour ceux qui ne le méritent pas.

*
* *

Avoir du cœur, c'est pénétrer les âmes : par la sympathie, par la compassion; et par un dévoûment exempt de personnalité.

*
* *

La moelle de notre esprit doit être le discernement.

En effet : c'est de lui que dépend la science de la conduite.

En général, le sectaire est fanatique; et il manque, par suite, d'esprit philosophique.

Il ne voit pas, par exemple : que l'opinion de demain, sera la réaction des excès d'aujourd'hui.

*
* *

La volonté, n'est peut-être que l'énergie de nos besoins et de nos facultés.

Exemples : un désir fortement poursuivi; la volonté de manger.

Ce qui est certain : c'est qu'elle obéit à nos facultés et à nos instincts; et qu'elle le fait d'autant mieux, qu'ils sont plus puissants.

*
* *

Un caractère aimable et sérieux est une cause d'affection et d'estime.

En effet : il joint le charme à l'utile.

*
* *

Creuser fortement les idées : est un des plus beaux côtés de l'intelligence.

En effet : cela implique l'énergie, l'esprit de suite, et le goût du fond des choses.

Être personnel : c'est ne s'occuper que de soi, sans tenir compte de la pensée d'autrui.

*
* *

Les gens charmants mais futiles, ne sont pas à fréquenter.
En effet : leur souvenir laisse l'impression du vide, et du temps perdu.

*
* *

On tombe dans l'erreur : par sa bêtise, comme par son bon cœur.
Exemple : quand on est bon pour ceux qui n'en valent pas la peine.

*
* *

Qu'est-ce que le nécessaire? C'est ce qu'il faut pour bien se porter, au physique comme au moral.
Conclusion : le reste est du luxe ou du superflu.

*
* *

On est attiré naturellement, par ceux avec lesquels on peut penser tout haut.
En effet : cela procure les satisfactions, de la confiance et de l'expansion.

L'intuition sans jugement a peu de valeur pratique.
En effet : elle ne sait pas coordonner ce qu'elle entrevoit.

*
* *

Ce qui distingue les esprits supérieurs, c'est la passion de la recherche.
Dans ce cas, en effet, l'esprit rayonne de tous les côtés.

*
* *

La passion des distractions ou des fantaisies, ne peut pas s'assouvir.
En effet : elle est faite de légèreté, ou de la fatigue de penser et de s'instruire.

*
* *

L'initiative doit être méfiante et pratique.
En effet : il importe beaucoup qu'elle ne puisse pas s'emporter.

*
* *

Au fond : l'idéal de la démagogie est de marcher la tête en bas et les pieds en haut.
En effet : pour elle, l'égalité et même la médiocrité, doivent passer avant la supériorité.

Les vaniteux ignorent :

Que le fond vaut mieux que la forme; que la réalité vaut mieux que l'apparence, et que la raison vaut mieux que l'amour-propre.

En effet : il leur importe plus de paraître que d'être.

*
* *

Pourquoi aime-t-on quelqu'un?
Pour les satisfactions qu'il nous cause.
L'affection, par suite, augmente avec celles-ci.

*
* *

Les très jolies femmes s'imaginent qu'elles sont nées pour être admirées.

De là : le peu de frais qu'elles font; et l'ennui qu'elles causent.

*
* *

Quand on a compris l'existence, quand on s'est détaché de tout : la mort n'est plus, pour soi, que la fin d'un souffle.

*
* *

Il ne faut faire des reproches, qu'en démontrant que l'on peut mieux faire.

Autrement, en effet : on agace pour rien.

L'esprit philosophique est l'art de déduire et d'induire.

Exemples : de juger les causes par leurs effets; de remonter des effets aux causes; et de rechercher les causes pour déduire leurs effets.

*
* *

Qu'est-ce qui vaut le mieux?

Ce qui trompe le moins.

Exemples : ne compter que sur soi; chercher le bonheur en soi; et ne donner aux autres, que ce qu'ils méritent.

*
* *

On s'étiole, quand le goût de ses aises l'emporte sur celui de l'effort.

En effet : c'est l'effort qui produit le travail et la capacité.

*
* *

Les natures autoritaires et sottes, veulent que le bon sens des autres se soumette à elles.

En effet : la réussite les inquiète moins que leur personnalité.

*
* *

Les impulsifs facilitent la connaissance de l'homme.

En effet : ils n'ont pas le temps de se dissimuler.

De ce que les hommes ont la même forme, les mêmes instincts, et les mêmes besoins physiques : il ne s'ensuit pas qu'ils aient la même intelligence, le même caractère et les mêmes sentiments.

Conclusion : les hommes ne sont donc pas égaux.

*
* *

C'est la souffrance, qui dresse le mieux les hommes.
En effet : elles les oblige par force, à s'observer eux-mêmes.

*
* *

La conversation ne devrait pas être un passe-temps.
En effet : on pourrait mieux faire.
Exemple : en s'instruisant mutuellement.

*
* *

La gaieté, l'amabilité, la belle humeur, sont plaisantes et contagieuses.
C'est pourquoi il est agréable, d'en trouver sur son chemin.

*
* *

En principe : les esprits perspicaces et réfléchis, manquent rarement de tact.
En effet : ils découvrent à l'avance, ce qui peut déplaire.

Le manque de jugement, la personnalité et l'orgueil, sont franchement haïssables.

En effet : les actes qui s'ensuivent, sont agaçants et faux.

*
* *

Généralement : un esprit vif et souple, plaît plus qu'un esprit sûr.

Pour le même motif, l'apparence plaît souvent plus que le fond.

En effet : les esprits superficiels sont moins rares, que les esprits sérieux.

*
* *

S'entendre et se dévouer : est une cause d'affection.

En effet : le cœur et l'esprit sont ainsi satisfaits.

*
* *

Le nécessaire heureux, est préférable à la misère dorée.

En effet : il est moins lourd à porter.

*
* *

La solitude nous délivre : de l'envie, de la jalousie, et de l'émulation dans la course au plaisir.

Il existe deux sortes de subordonnés :
1° Ceux qui ne sont qu'un outil.
Exemple : un parfait caissier.
Et 2°, ceux qui doublent leurs chefs.
Exemple : ceux qui joignent le tact et le savoir, à l'initiative.

*
* *

La pauvreté heureuse est un bonheur qui demande des qualités élevées.
Exemples : elle demande du courage, de la belle humeur, et l'absence de l'envie.

*
* *

Nous voyons tout d'abord le monde extérieur à travers nos sens, en nous prenant comme terme de comparaison.
Dès lors, nous rapportons tout à nous : et ce qui nous entoure, paraît être fait spécialement pour nous.
Avec l'observation, on voit que nous ne sommes que des germes qui remplissent leurs fonctions : comme de vulgaires plantes, ou de simples poissons.
En effet, tout en différant d'eux par nos aptitudes, nous obéissons aux mêmes lois.
Exemples : à la poussée de nos instincts; aux lois de la chaleur et de la pesanteur; à celles de la croissance et de la décrépitude.

Les défauts sont plus entreprenants que les qualités.

Exemples : l'orgueil est plus débordant que la modestie; la gourmandise est plus impérieuse que la sobriété; et la haine est plus ardente que la sympathie.

Conclusion : il faut y mettre bon ordre.

*
* *

Ce n'est pas avec des mots, que l'on mène le mieux les hommes : c'est avec la sensation, de ce qui convient.

Exemple : avec la conviction de la réussite.

*
* *

« Les apparences sont souvent perfides. »

Exemple : l'aplomb sans jugement.

En effet : généralement, on s'y fie longtemps.

*
* *

La véritable affection croît avec le temps.

En effet : il devient de plus en plus difficile, de pouvoir s'en passer.

*
* *

On ne pardonne pas à la morgue : parce que ses prétentions sont sottes et arrogantes; et par suite irritantes.

L'originalité peut être de la distinction.
Exemple : quand elle est une réaction, contre la bassesse ou la trivialité.
Le vulgaire dès lors ne la comprend pas.
Exemple : l'aversion des plaisirs puérils ou grossiers.

Sous le règne du commerce et de l'industrie : l'idéal se transforme en un « coffre-fort », dans lequel il doit entrer plus d'argent qu'il n'en sort.

Le sexe féminin, dit-on, est fait pour charmer.
Beaucoup de femmes, à ce compte, n'en feraient pas partie.

Tant que l'on n'aura pas supprimé la mort, la douleur et l'idéal, le bonheur ne sera qu'un mythe.
En effet : la souffrance et les regrets, l'empêcheront d'exister.

La valeur des causes se reconnaît à celle de leurs effets.
En effet : tel fruit, tel arbre; tels actes, tel esprit.

L'affection est expansible.

Conclusion : elle perd en poids ce qu'elle gagne en volume; et dans les affections trop nombreuses, la part de chacun n'est pas assez dense.

La réflexion n'est pas autre chose : qu'un travail suivi de l'esprit sur lui-même.

Conclusion : ceux qui ne possèdent pas cette faculté, ne peuvent pas avoir de valeur intrinsèque.

Il est bon que notre expérience soit en avance sur notre âge, et que le contraire n'ait pas lieu.

En effet : il en coûte trop par exemple, de n'avoir à soixante ans que l'expérience de vingt.

L'esprit moderne rappelle le tonneau des Danaïdes.

En effet : plus il absorbe de nouveautés, de plaisirs et de besoins, et plus il en est avide.

Pour être sûr de soi, il n'y a qu'à faire la preuve de ses actes.

De l'Homme et de l'Animal.

L'étude des animaux, nous fait comprendre l'homme.
En effet : en dehors du langage, du raisonnement, de l'imagination et de leurs conséquences : les uns et les autres obéissent aux mêmes lois.
Exemple : aux lois physiologiques, et à celles des instincts.
Conclusion : en dehors desdites facultés, on se rend compte de nos instincts, en observant ceux des bêtes.

Il y a autant de rires que de sentiments.
Exemples : le rire faux, le rire triste, le rire sceptique, le rire bon enfant.
Conclusion : quand le rire est spontané, il fait comprendre les sentiments.

L'obéissance sympathique, est autrement féconde que l'obéissance forcée.
En effet : on met dans la première, son initiative et son zèle; et l'on ne met dans la seconde, que son indifférence ou son inertie.

C'est l'action perforante de l'esprit, qui produit sa perspicacité et sa pénétration.

Elle s'accroît par la pratique, et par l'activité de l'investigation.

*
* *

En compagnie d'un esprit ouvert et éclairé : l'agacement et l'ennui, ne sont guère à redouter.

En effet : loin de les faire naître, il sait les atténuer, ou nous intéresser.

*
* *

L'intelligence est la faculté qui se fatigue le plus.

En effet : l'existence n'est possible que si elle est en éveil; et le sommeil semble créé pour la faire reposer.

*
* *

Une femme trop femme, est presque trop charmante.

Exemple : quand elle possède trop, la souplesse de la liane.

En effet : une aimable et juste fermeté, ne dépare pas la femme.

*
* *

Le manque d'esprit pratique est une forme de la bêtise.

En effet : il va à l'encontre de nos propres intérêts.

L'idée d'ensemble est à l'idée de détail, comme le général est au simple soldat.

En effet : ce sont les seconds qui exécutent le travail, et c'est avec les premiers, qu'on le fait aboutir.

*
* *

Il est insupportable de vivre avec des gens dépourvus de jugement.

En effet : leurs actes sont généralement le contraire de ce qu'ils devraient être.

*
* *

Beaucoup d'intelligences sont plus étroites qu'on ne le suppose.

Exemple : celles qui n'obéissent qu'à des habitudes, ou à des suggestions.

*
* *

Une bonté éclairée rend les femmes charmantes.
En effet : elle séduit et instruit.

*
* *

Les bonnes habitudes ne sont pas de la valeur personnelle et morale.

En effet : leur propre mérite n'est qu'automatique.

Dans la lutte, ce n'est ni l'enthousiasme, ni la conviction, ni les discours, ni les beaux gestes qui comptent.

Ce qu'il y faut : c'est une organisation maxima, et la science des combats.

*
* *

Une affection agréable et sûre, suffit pour rendre heureux.

En effet : elle est un appui et un but dans la vie.

*
* *

De la possibilité de notre entraînement :

L'homme d'affaires devient circonspect et onctueux. En effet : son objectif est la clientèle.

Exemples : le parfait notaire, le parfait épicier.

Le fonctionnaire devient froid et automatique. En effet : ses appointements seuls le touchent.

L'homme d'action devient net et précis comme un fait. Exemples : un bon mécanicien, un parfait chirurgien.

*
* *

Il est toujours intéressant, d'étudier ses penchants. Exemple : pour savoir où ils nous mènent.

Comme le sillage d'un navire : les traces de la vie sont vite effacées.

L'affection profonde aime le calme et la sécurité.
En effet : cela lui permet de vivre pour elle-même.

La bravoure : c'est l'audace unie au mépris du danger.
La lâcheté et la peur : c'est l'effondrement de la force morale.

Le besoin de l'organe est le point de soudure entre la matière et l'immatériel.
En effet : c'est lui qui pour se satisfaire, se transforme en idées.
Exemple : les besoins de l'estomac se transformant en idées, en visions; et voire même en un art.

Les mêmes conceptions de la vie, le même genre de jugement, font durer l'affection.
En effet : ils empêchent les tiraillements de l'esprit et du caractère.

Pour être aimé : il faut de la souplesse, de la douceur et ne pas rebuter.

En effet : le contraire ne peut qu'indisposer.

*
* *

L'utile et l'agréable sont le meilleur et le plus sûr des liens.

En effet : ils comblent presque nos désirs.

*
* *

En principe : l'esprit et l'intelligence vieillissent plus tard que le physique.

Raison de plus pour les accroître.

*
* *

On ne peut guère réussir, quand on se laisse conduire par ses sensations.

Exemple : par ce qui plaît; par ce que l'on croit.

En effet : elles viennent plus de l'imagination, que du bon sens et de la réalité.

*
* *

La pensée se vaporise plus vite qu'elle ne se condense.
De là résulte la fatigue de la réflexion.

Les satisfactions des sybarites sont par trop sensuelles.

En effet : elle ne se prolongent, ni dans l'esprit ni dans le cœur.

Conclusion : leurs sensations n'ont ni fond, ni durée, ni grandeur.

*
* *

Ce n'est pas flatteur, quand la mode et les idées reçue. passent avant le bon sens.

En effet : cela prouve au moins de la naïveté, ou du manque de jugement.

*
* *

Les esprits faibles considèrent Dieu, comme les enfants gâtés considèrent leur bonne.

En effet : ils lui demandent de faire toutes leurs volontés.

*
* *

Dans les efforts collectifs : l'âme du chef doit passer dans celle de ses subordonnés.

En effet : c'est elle qui les inspire, et qui les unit.

*
* *

La légèreté peut devenir méprisable.

Exemple : quand elle empêche de voir le préjudice qu'elle cause.

L'humanité peut-elle devenir parfaite et heureuse?
C'est peu probable.

Mais ce que l'on peut, c'est tirer le meilleur parti possible, des éléments qu'elle offre.

Exemples : de son intelligence, de ses sentiments et de ses observations (1).

*
* *

Les imitateurs travaillent plus avec leurs yeux, avec leurs oreilles, et voire même avec leurs jambes, qu'avec leur esprit.

En effet : il faut bien, autant que possible, remplacer celui-ci.

*
* *

Méfions-nous des gens, dont les conversations ne sont que narratives.

En effet : cela prouve qu'ils n'ont pas de pensées à eux.

*
* *

L'intelligence s'ouvre tout naturellement au contact de la curiosité, du plaisir ou de l'intérêt.

Conclusion : l'art de l'enseignement, doit reposer sur cette observation.

---

(1) Voir la Troisième Partie.

Une femme douce et pénétrante nous charme, comme un beau jour de printemps.

*
* *

Bien commander : c'est embrasser l'ensemble de ce dont on s'occupe, et donner les ordres qui le font aboutir.

*
* *

Il y a quelque chose de supérieur à l'idolâtrie de l'humanité.
C'est de lui montrer les bienfaits de la concorde, et de nous faire bénéficier des leçons de l'Histoire.

*
* *

Que deviendront les peuples, quand ils auront acquis tous les vices du bien-être et du luxe?
Ils deviendront de nouveaux Byzantins.

*
* *

Les flots de la mer rappellent l'existence.
En effet : elle en a l'agitation, les embellies et les tourmentes.

Les esprits chercheurs sont toujours occupés, et leurs trouvailles sont toujours pour eux des plaisirs nouveaux.
Conclusion : ce sont des chasseurs en pays giboyeux.

* *
*

La preuve que l'esprit est malléable : c'est qu'il se soumet à la crainte du gendarme.

* *
*

Il n'est pas toujours prudent d'analyser les gens que l'on voudrait aimer.
En effet : on pourrait y faire de fâcheuses trouvailles.
Exemple : de l'égoïsme, plus ou moins travesti.

* *
*

Nous n'aimons pas à être menés; et cependant nous tenons souvent à être commandés.
Exemple : pour réussir, pour sortir d'un mauvais pas.
En effet : les cas de force majeure, s'imposent à nos caprices.

* *
*

On doit savoir céder pour les petites choses : afin d'avoir le droit de ne pas le faire pour les grandes.

Nous demandons souvent des choses contradictoires.

Exemple : quand pour réussir, l'on se dépense en paroles et en gestes, ou quand on préfère la mollesse à l'action.

*
* *

Le spiritualisme est un produit de la pensée.
Exemple : l'idéal.
Le positivisme est un produit de l'expérience et de la nécessité.
Exemple : la science de la vie.
Conclusion : il est important, de ne pas les confondre.

*
* *

Puisque certaines substances (alcool, opium, etc.), endorment, dilatent et modifient nos idées : on peut en conclure, que la matière commande plus ou moins aux pensées.

*
* *

Pour être un ami sérieux : il ne suffit pas de faire passer d'agréables moments.

Il faut encore être utile.

Exemple : par des conversations, ou par des actes qui profitent.

Le grand art du commandement est de faire rendre à chacun, tout ce qu'il peut donner.

On y arrive : avec le savoir, avec du flair et de l'entrain.

***

La sécheresse du cœur n'empêche pas, la sensibilité et la passion.

Exemple : un égoïste impressionnable.

***

Tout est perdu : quand on ne tient pas compte, des reproches mérités.

En effet : cela prouve l'absence de jugement, de sens moral, ou de caractère.

***

Les rites, la forme, les conventions, ne peuvent plus avoir l'importance d'autrefois.

En effet : l'esprit est trop occupé maintenant, pour s'y attarder.

***

Quand on a besoin des gens, on est naturellement porté à leur être agréable.

Conclusion : plus on aura besoin de nous, plus nous serons entourés de gens aimables.

Dans tout individu, on distingue le spécialiste et l'homme.

On se sert du premier : mais c'est vers le second que vont les sentiments.

*   *   *

Le don de soi, l'abandon de son égoïsme, sont bien la plus grande preuve d'affection que l'on puisse donner.

En effet : en principe, ce qu'il y a de plus précieux pour nous dans l'univers, c'est nous-même.

*   *   *

Dans l'adversité, le travail ne suffit pas.

Il y faut encore de la souplesse, de l'élan, et de la clarté d'esprit.

*   *   *

Pour les esprits légers : ce qu'il y a de meilleur dans la vie, c'est de s'étourdir.

Pour les esprits sérieux : ce qui vaut le mieux, c'est de bien la remplir.

*   *   *

On ignore trop : que les défauts irritants provoquent la répulsion, ou l'aigreur de l'esprit.

En effet : ils frappent d'abord, puis se réfléchissent.

L'on aime, à se retrouver en autrui.

En effet : les idées s'y épanouissent, à la chaleur du contact.

La sympathie vient de là.

* * *

La suffisance, la vanité châtiées, provoquent en nous un rire sarcastique.

En effet : on trouve qu'elles n'ont que ce qu'elles méritent.

* * *

Etre « parfaitement bien » importe moins, que d'être droit et pratique.

En effet : les conventions mondaines ne sont pas l'existence.

* * *

Le son est un indice.

Exemples : celui des sottes conversations; le bruit des projectiles; un ordre décisif.

* * *

Qu'est-ce que la distinction?

C'est le manque de trivialité; c'est aussi l'élégance des goûts, des manières et des pensées.

On peut être léger, sans pour cela être un sot.
Exemple : un esprit agréable et sans fonds.

Tout milieu marque assez vite son empreinte, sur ceux qui en font partie.
Exemples : l'esprit mondain; l'esprit congréganiste; l'esprit de caserne.
Conclusion : pour laisser à l'esprit tout son lustre, il ne faut pas croupir dans un milieu fermé.

Il y a de la malice, dans une supériorité modeste et consciente.
En effet : elle sait d'abord qu'elle existe; et qu'il y a des chances, tôt ou tard, pour qu'on la reconnaisse.

Certains pressentiments sont presque des certitudes.
Exemple : les pressentiments que font naître les gens dépourvus de jugement.

Le calme n'empêche pas la chaleur du cœur.
Au contraire, il peut la concentrer.
Exemple : quand elle augmente par la réflexion.

Les esprits philosophiques préfèrent le travail et le bien final, au besoin de paraître et à la platitude.

En effet : ils trouvent ceux-ci mesquins ou humiliants.

*
* *

La mémoire et l'imagination sont indépendantes de l'intelligence.

Exemple : dans les incohérences des fantaisies et des rêves, où celle-ci fait défaut.

*
* *

Quand l'intelligence est claire, large et vibrante ; quand le but de la vie est de s'instruire et de se perfectionner, on s'isole facilement de l'humanité.

En effet : la vue habituelle de ce qui s'y oppose, ne tarde pas à agacer.

*
* *

Pour remuer le cœur des femmes de mérite : il faut être psychologue, délicat et sérieux.

En effet : il faut joindre de la valeur personnelle, à la connaissance du cœur humain.

*
* *

Les séductions attirent afin de se combiner.

Exemple : les séductions de l'art, du cœur et de l'esprit.

On peut dans certains cas manquer d'estime pour ceux que l'on affectionne.

Exemple : envers de bonnes natures, incapables et molles.

*
* *

L'esprit et le tact sont faits de la pénétration d'autrui.

En effet : c'est elle qui permet de deviner ce qu'il faut dire ou cacher.

*
* *

Comme les chevaux vicieux : les esprits étroits et entêtés, les natures rageuses et personnelles, ne savent que se cabrer ou ruer quand on les contrarie.

En effet : ils ne se demandent même pas, si c'est pour leur bien.

*
* *

On ne doit pas confondre la finesse et l'intelligence.

En effet : si la finesse découvre parfois ce qui est obscur, elle ne raisonne pas comme l'intelligence.

*
* *

Quand l'esprit ne dépasse pas ce qui l'entoure, le temps et le milieu semblent être faits pour lui.

C'est dans ces moments, que la vie est bonne.

Pour se défendre : les huissiers et les gendarmes sont insuffisants.

En effet : en temps de persécution ou de vol légal, ils peuvent marcher contre les braves gens.

*
* *

« Le moi est haïssable. »
Or : la personnalité est du « moi » en excès.

IX

La quiétude est mauvaise conseillère.
En effet : elle empêche de se défier de ses adversaires et des événements.

*
* *

Les gens dépourvus d'esprit pratique, ont la spécialité de ne pas apercevoir les suites de ce qu'ils font.
Exemple : de ne pas voir les suites de leur entêtement ou de leur vanité.

*
* *

Il faut s'efforcer d'ignorer ceux dont on ne peut rien faire.
En effet : c'est un moyen de ne pas perdre son temps.

Les gens frivoles ou impulsifs aiment à se vider l'esprit.
Exemples : par des bavardages; par de folles agitations.
Les gens sérieux, au contraire, aiment à le remplir.
Exemples : par l'étude; et par l'observation.

*
* *

En éducation : on doit développer tout d'abord la droiture et la force.
En effet : c'est sur ces facultés qu'on peut le plus s'appuyer.

*
* *

La perspicacité et la prévoyance, sont les meilleurs remèdes contre la fatalité.
En effet : la perspicacité l'entrevoit; et la prévoyance fait le nécessaire pour l'atténuer, ou pour la détourner.

*
* *

En principe : l'estime engendre le dévoûment.
En effet : on est heureux de pouvoir la témoigner.

*
* *

Les orgueilleux sans discernement sont un fléau.
En effet : ils ne sont mus que par la folie du « moi ».

C'est bien de nos tempéraments que notre être dépend, car rien n'en modifie le fond et les résultats.

Exemple : les natures impulsives aimeront toujours l'agitation; et les natures posées et calmes, seront toujours portées à la réflexion.

Les mondains de profession appartiennent à l'espèce des clowns.

En effet : ils cherchent par des mouvements conventionnels ou de commande, à attirer l'attention.

La pétulance est la caricature de l'intelligence et de la décision.

C'est pourquoi l'on s'y trompe.

En effet : la vraie intelligence implique du jugement et de la réflexion.

Il est piquant de voir chez les autres, des défauts que l'on n'a pas.

En effet : cela permet de croire qu'on leur est supérieur; et l'on est enchanté de ne pas leur ressembler.

Les vaniteux manquent de clarté d'esprit.

En effet : s'ils en possédaient, ils comprendraient leur sottise.

*
* *

En amour : le sérieux vaut mieux que la beauté.

En effet : cela dure plus longtemps, et cela profite davantage.

*
* *

La réflexion n'est pas de la lenteur d'esprit.

En effet : la première demande du temps, pour mieux approfondir; et la seconde en demande pour se mettre en mouvement.

*
* *

L'audace a autrement de valeur que l'humilité.

En effet : elle possède la force de l'élan et de la vitesse acquise.

*
* *

Ceux qui ne se coalisent pas contre leurs ennemis communs, sont inférieurs aux bêtes.

En effet : les animaux se réunissent en bandes, pour mieux se mouvoir, pour mieux attaquer, ou pour mieux se défendre.

Exemple : les cigognes et les loups.

On travaille pour les autres : quand l'on travaille pour sa vanité.

En effet : on se fatigue pour les éblouir; mais ni l'esprit, ni le bien-être, n'en retirent de profit.

*
* *

Le doute est l'origine de la clairvoyance.
En effet : il excite à contrôler.

*
* *

L'étendue du regard n'est pas de la profondeur d'esprit.
Exemples : la vue des oiseaux; l'imagination.

*
* *

En principe : une femme forte est préférable à un homme médiocre et mou.
En effet : celui-ci est un neutre.

*
* *

Qui aime le monde est un oisif.
Qui aime trop de monde est un naïf.
En effet : on use inutilement avec lui, ses forces et sa jeunesse.

C'est perdre son temps, que de vouloir instruire les esprits aveugles ou sourds.

En effet : ces défauts sont incurables.

* * *

Comment croire que la vie est bonne, puisqu'elle n'est qu'un frottement continuel : d'intérêts contraires, d'aspérités de caractère et d'imperfections!

* * *

Principe d'éducation :

Il importe moins d'être charmant, que d'être utile, pratique et intelligent.

En effet : il faut vivre, avant de charmer.

* * *

Il en coûte trop, de faire le bien pour lui-même.

En effet, l'on a contre soi : les gens malhonnêtes; les indolents et les sots.

* * *

Mélangez l'intérêt, l'égoïsme et l'amour du plaisir; et vous aurez l'explication des natures ordinaires.

En effet : les natures d'élite aiment à s'en affranchir.

L'homme-femme et la femme-homme, sont des êtres contre nature.

Ils pullulent : sous le règne du surmenage, de la mollesse et de la bureaucratie.

En effet : l'homme y perd son grand ressort et sa vigueur native; et la femme est obligée de le remplacer, dans la mesure du possible.

*
* *

Le bonheur : est ce après quoi l'on court, et que l'on n'attrape jamais.

En effet : il ne se trouve véritablement que dans l'imagination.

*
* *

Comme les éléments chimiques : les éléments intimes s'attirent, se repoussent ou se se combinent.

Exemples : deux amabilités s'attirent et produisent l'affection : les jalousies ou les maussaderies se combinent pour produire de la haine; et le manque de bon sens et la paresse, s'unissent pour produire la misère.

*
* *

Logiquement : les hommes ne se trouveront égaux, que lorsqu'il n'y aura plus entre eux de motifs d'envie.

Exemple : quand le luxe insolent aura disparu.

Les natures impulsives, superficielles ou légères, ne savent pas raisonner.

En effet : elles n'ont pas d'idées à elles; ou elles manquent de ce qu'il faut, pour pouvoir les souder.

*
* *

Faute de valeur intrinsèque et d'originalité, les hommes croient être dans le vrai, quand ils se copient les uns les autres.

Exemples : les plagiaires; les manières, les mœurs et les idées du jour.

Il en résulte qu'ils prônent souvent aujourd'hui, ce qui sera faux demain.

*
* *

Pour comprendre le beau sexe : il faut savoir que le raisonnement doit passer pour lui, après les sensations et les sentiments.

En effet : ainsi l'exigent les douleurs et les soins de la maternité.

*
* *

Entre adversaires : les plus présomptueux et les plus routiniers, sont les futurs vaincus.

En effet : ceux-ci sont toujours, les moins bien préparés.

Exemple : les Français en 1870.

Chacun détend ses nerfs comme il peut.

Exemples : les natures nerveuses aiment à sautiller; et les natures fortes aiment à travailler.

Les viragos et les harpies ne sont pas de vraies femmes : elles n'en sont que la caricature.

En effet : la vraie femme est féline.

Gardons-nous des nullités, autoritaires et personnelles.

En effet : leur égoïsme et leur sottise, nous perdraient avec elles.

Les esprits pénétrants sont souvent railleurs.

En effet : ils constatent en se jouant, tout ce qui est faux.

Conclusion : tous ceux qui se cachent moralement, les prennent en horreur.

La majesté de la nature nous attire.

Conclusion : il faut nous laisser faire, pour nous élever jusqu'à elle.

Quand le cœur est droit et fort : le principal est acquis.
Exemple : quand on est juste, énergique et bon.
En effet : tout le reste s'ensuit.

*
* *

L'idéal de l'avenir résidera dans la perfectibilité physique et morale.
En effet : sur la terre, il n'y a rien au delà.

*
* *

Nous voulons passer pour meilleurs que nous ne sommes. C'est pourquoi nous cachons avec tant de soin : notre individualisme, notre orgueil et notre cupidité.

*
* *

Une femme au cœur froid et mystique, ne devrait pas se marier.
En effet : une femme mariée doit être aimable, expansive et pratique.

*
* *

L'esprit est fait pour s'occuper : de même, les poumons sont faits pour respirer.
Conclusion : quand on ne l'occupe pas en choses sérieuses, il s'occupe en bêtises.
Exemple : en commérages ou en frivolités.

Il faut se garer des esprits agités.

Exemple : de ceux qui s'excitent ou qui se fâchent sans motifs sérieux.

En effet : cela indique des natures maussades ou maladives.

*
* *

On plaît parce qu'on le mérite; et non parce qu'on le désire.

Donc, pour être aimé : il faut posséder ou acquérir certaines qualités.

Exemple : l'envie de plaire et d'être utile.

*
* *

Beaucoup de gens ne sont que des machines humaines.
Exemple : les spécialistes bornés.

*
* *

Il est fastidieux de prouver constamment l'évidence.

Exemple : de prouver sans cesse, que l'on court à sa perte.

Conclusion : on se tait, et on laisse faire.

*
* *

La personnalité obscurcit l'intelligence.

Exemple : quand le besoin de s'occuper de soi, dépasse celui d'apprendre.

L'union d'un homme expérimenté et d'une femme sérieuse, offre des chances de bonheur.

En effet : elle éprouvera du plaisir à s'appuyer sur lui; et lui sera heureux, qu'il en soit ainsi.

Vu la concurrence et la difficulté de réussir : l'homme doit s'identifier de plus en plus avec son métier, ce qui finit par le déformer.

Exemples : les stigmates professionnels; la fatigue intellectuelle.

Causer sans but et sans résultat, creuse un vide dans l'esprit.

En effet : cela le fatigue sans compensations.

La répugnance pour l'effort sur soi-même, est un vice coûteux.

En effet : elle paralyse notre corps et notre esprit; et elle entraîne, par suite, la misère ou le dédain.

Quel soulagement, quand l'on agit comme tout le monde!

En effet : on n'a pas à se demander si l'on fait bien ou mal, ni si l'on peut faire mieux.

De l'Avenir social.

Pour apaiser complètement la Démocratie, il faudra sans doute un jour : abolir l'hérédité, afin d'établir l'égalité d'origine; rémunérer l'individu, selon sa peine ou ses facultés; équilibrer la fatigue et les loisirs; et assurer, en outre, la sécurité de chacun.

En effet : en principe, l'on ne pourrait plus en vouloir qu'à la fatalité.

* * *

La réflexion est proportionnelle au recueillement; et l'expérience et le mérite, sont proportionnels à la réflexion.

* * *

Doctrine morale scientifique.

La morale se trouve « instinctivement » : dans la droiture, dans la force, et dans la bonté.

La « doctrine morale éducative » la plus sûre, consisterait donc à inculquer ces facultés d'une façon intensive, par les moyens habituels (1).

Exemple : par des preuves tirées du passé, et de ce qui se passe autour de soi.

Ses principes se trouvent d'ailleurs tout au long, dans — la « science expérimentale de l'homme et des sociétés »; — c'est-à-dire, dans la psychologie, et dans la philosophie de l'Histoire appliquée aux conditions ambiantes.

Il s'agirait, dès lors, d'en dégager les lois; et de faire toucher du doigt, ce qui fait le bien et le mal.

Exemple : — ce qui fait la grandeur et la décadence, des individus et des sociétés.

Il resterait l'Au-delà.

En dernière analyse, il n'y a que deux systèmes dans ce genre de pensée : le matérialisme, et le spiritualisme.

Le premier est un peu sec et froid. Il convient surtout aux esprits positifs et analytiques.

Le second sourit davantage aux natures douces et sensibles, ou aux esprits personnels et imaginatifs.

Conclusion : il serait donc naturel d'initier le jeune âge aux doctrines spiritualistes les plus belles et les plus pratiques; puis, quand l'esprit est formé, quand on peut raisonner, d'expliquer, s'il y a lieu, la philosophie positive.

Les Religions feraient le reste.

---

(1) Voir ci-après à la Troisième Partie, la possibilité d'y arriver par la sélection.

Chacun pourrait alors choisir ce qui convient à sa nature.

* * *

Enseignement de cette Doctrine.

Former d'abord la droiture, la force et la bonté, comme il vient d'être dit.

Formuler et enseigner les lois de la conduite et de ce qui rend heureux, — en se basant sur la science expérimentale de l'homme, de l'existence et des sociétés (1).

Formuler et enseigner les plus belles conceptions spiritualistes de l'esprit humain, en indiquant leur côté utile ou douteux.

Formuler et enseigner enfin les théories de la philosophie positive, en indiquant également leurs avantages et leurs inconvénients (2).

* * *

Les élans de la pensée ne peuvent devenir une doctrine que lorsqu'ils ont été soumis à l'épreuve des faits, ou à celle du temps.

C'est ce que ne comprennent pas les victimes des utopistes, des idéologues et des sophistes.

---

(1) Voir entre autres, les Causes instinctives et intellectuelles, de la Première Partie.

(2) Ces diverses études devraient être uniquement faites et enseignées au point de vue scientifique, afin de respecter les opinions de chacun.

L'intimité est faite d'attractions instinctives, plus ou moins unies à celles de l'esprit.

En effet : ce sont les tempéraments et les instincts qui constituent les sensations et les sentiments (voir la Troisième Partie); et c'est l'esprit qui les vivifie, ou qui les fait apprécier.

Exemple : l'attraction causée par l'intelligence, et par une bonne nature.

* * *

Un genre d'amour.
Deviner en autrui les penchants de son esprit et de ses sentiments, afin de les bercer, en les partageant.

* * *

On ne doit pas prier, pour se conformer à des rites.
On doit prier, pour embellir son âme.
Exemples : pour s'élever l'esprit; ou pour acquérir de la bonté, de la droiture et de la sympathie.

* * *

La volonté n'est pas la même chose que l'empire sur soi.

En effet : la volonté obéit à nos diverses pensées; et l'empire sur soi obéit surtout, à la réflexion et au sang-froid.

Exemple : quand on sait se contenir ou se commander.

Notre curiosité est toujours en éveil.

C'est pourquoi elle est utile, pour intéresser et pour instruire.

*　*　*

Principe d'éducation :

Apprendre à juger et à agir, plutôt qu'à se souvenir.

En effet : la mémoire ne donne, ni le sens moral, ni le bon sens.

*　*　*

C'est en flattant la vanité, la cupidité et l'envie, que l'on trompe le mieux les hommes.

Exemple : les agitateurs et les sophistes politiques.

En effet : ce sont les passions les plus ardentes de l'esprit.

*　*　*

Le travail est la meilleure des occupations.

En effet : il chasse les idées noires, et il nous récompense.

*　*　*

On n'est pas intelligent, quand l'on agit avec tout le monde de la même façon.

En effet : il y autant de manières de ressentir et de comprendre, qu'il y a d'individus : *Tot capita, tot sensus*.

Les instincts trompent souvent moins que l'esprit.
En effet : ils sont automatiques.
Exemples : le flair des animaux, nos sensations, nos impressions, trompent souvent moins que la logique.

***

L'on n'aime vraiment les gens, que lorsqu'ils passent avant nos caprices, et notre entêtement.
En effet : cela prouve qu'on les préfère à de vulgaires sacrifices.

***

Que peut bien être la passion de l'égalité, chez un être faible et dénué de talent?
En général : c'est le sentiment envieux et rageur de son infériorité.

***

La génération actuelle est blasée, envieuse, cupide et sceptique.
En principe : elle ne sait plus que jouir.

***

La gaieté et l'entrain, rendent la vie agréable.
Il faut donc en acquérir.

Il existe deux mouvements en nous, qui sont pour ainsi dire constants et certains :

1° Notre élan vers nos désirs ou nos espoirs; et 2° le recul plus ou moins grand que causent leurs déceptions.

* * *

Les sots, les égoïstes et les pervers : finissent par dissuader de rendre des services.

En effet : en principe, il n'en résulte avec eux que des désagréments.

* * *

Pour être un grand homme : il suffit de posséder une épicerie en vogue.

En effet : pour le vulgaire, l'importance importe plus que les grandes qualités.

* * *

Ce que nous demandons à nos relations : c'est d'être utiles ou agréables.

En effet : l'attraction durable n'existe qu'à ce prix.

* * *

Des idées communes, des penchants similaires : sont le prélude de l'affection et de l'amour.

En effet : ils constituent des attractions innées.

On peut exprimer des sentiments sans les avoir éprouvés.

Exemple : les perroquets.

Il n'en est plus de même, quand il s'agit de les comprendre.

* * *

Les mystiques ne sont jamais ni sur la terre ni dans le ciel.

Conclusion : ils sont toujours en l'air.

* * *

Dans l'existence : la tendresse et la grâce sont des friandises.

Conclusion : il faut y joindre des substances plus solides.

Exemple : la recherche de ce qui nous manque; et les moyens d'y suppléer.

* * *

Quand on éprouve du malaise ensemble : c'est que les manières de voir ou de sentir, sont en contradiction.

Il n'y a guère de remède à cela.

* * *

Tel paraît bon, qui n'est que bonasse ou faible.

Exemple : les égoïstes sentimentaux ou pleurnicheurs.

On peut juger les gens : d'après la colère qu'ils éprouvent à être démasqués.

En effet, cela prouve : une honte motivée, de l'orgueil froissé; ou l'intérêt qu'ils avaient à rester inconnus.

Celui qui ne croit pas à une autre vie, ne peut pas connaître la vraie sérénité.

« A quoi bon! »

Tel est, en effet, son perpétuel refrain.

La bêtise s'ignore elle-même.

Conclusion : ne se voyant pas, elle ne peut pas se corriger.

Que peut-on faire de grand et de durable : sans esprit de suite, sans esprit d'association, et sans esprit philosophique?

Or, c'est ce qui manque le plus, au caractère gaulois.

* * *

Après nos neveux tout au plus : nos joies et nos peines tomberont dans le néant.

En effet : nul ne saura jamais, qu'elles ont existé.

Principe d'éducation.

Pour obtenir l'audace et l'énergie : il faut multiplier l'action et l'effort.

En effet : ceux-ci nous inspirent une confiance maxima.

*
* *

Celui qui possède le nécessaire, sans savoir être heureux : est un vaniteux, un rêveur ou un sot.

En effet : il ne voit pas que le meilleur des bonheurs se trouve, dans l'indépendance matérielle, et dans la liberté.

En effet : c'est celui qui dépend le moins des caprices d'autrui.

*
* *

De tous les genres de mariages : le mariage des sentiments est le moins connu.

En effet : il exige le tact constant, de l'esprit et du cœur.

*
* *

Ne connaît pas la vie : celui qui ignore les responsabilités périlleuses ou graves.

*
* *

Ne connaît pas la vie : celui qui n'a jamais senti sur sa chair, les griffes de la misère.

Les sacrifices matériels sont plus faciles, que ceux du moral.

Exemple : on sacrifie plus facilement un objet, que son égoïsme ou son orgueil.

* * *

Il existe entre la Nature et nous, des liens mystérieux.

Exemples : ses séductions; notre propre existence qui vient d'elle.

* * *

Dans un sens : il vaut mieux ne pas naître.
En effet : l'on a moins d'ennuis auparavant qu'après.

* * *

Un homme complet, est supérieur à une femme complète.
Mais une femme de tête est supérieure, à un homme médiocre et mou.

* * *

Faiblesse et malheur, s'en vont de compagnie.
En effet : il faut vouloir et savoir diriger sa vie.

* * *

Les viragos et les harpies ne sont ni hommes ni femmes.
Conclusion : les deux sexes les repoussent.

En vivant l'un pour l'autre : on a la satisfaction de vivre deux fois.

Dans ce cas, en effet : chaque esprit se dédouble.

*
* *

On souffre plutôt des conséquences des choses, que des choses elles-mêmes.

En effet : les premières durent plus longtemps que les secondes.

*
* *

Les satisfactions de l'agitation ne valent pas celles de la réflexion.

En effet : dans le premier cas, on vit pour s'étourdir; et dans le second, l'on vit pour s'instruire et pour en profiter.

*
* *

C'est l'envie, la jalousie et la vanité, qui soulèvent le monde.

En effet : ce sont elles qui font les révolutions et les démocraties; et qui stimulent le plus nos résolutions.

*
* *

Pour être agréable et charmante : l'affection doit nous pénétrer comme un parfum aimé.

Il ne faut pas trop se troubler des conflits généraux.

Exemple : des changements politiques, économiques et sociaux.

En effet : il faut que tôt ou tard tout rentre dans l'ordre.

Ce qui importe : c'est de s'en garer, puis de se régler non sur ses habitudes, mais sur ce qui surgit.

Exemple : sur les modifications des circonstances, des idées et des mœurs.

L'âme humaine étant immatérielle : son étude demande des qualités spéciales.

Exemple : la connaissance impartiale de soi, et celle de son prochain.

La douleur de l'idéal regretté ou inassouvi, cause des émotions grandioses et profondes.

Exemples : les belles aspirations brisées, les grands desseins anéantis.

En effet : plus il y a de différence entre nos aspirations et la réalité; et plus nos regrets, sont vibrants et amers.

Par elle-même, la suffisance est grotesque.

Mais, quand elle est unie à la faiblesse ou à la naïveté : elle provoque le mépris, ou l'hilarité.

« L'homme est un loup pour l'homme » *(Homo homini lupus)*.

En cela les hommes ont tort.

En effet : s'ils étaient plus bienveillants les uns pour les autres, les caractères s'adouciraient; et la vie par suite deviendrait meilleure.

Dans le conflit des idées ou des sentiments : il y a encore de la ressource avec la colère.

Exemple : quand elle est une réaction, contre ce qui ne doit pas être.

Mais il n'y en a plus, avec le mépris.

Exemple : quand la bêtise ou l'ignorance s'unissent à l'orgueil.

Qu'y a-t-il donc de sûr dans l'humanité?

Les esprits droits, énergiques et profonds.

Les affirmations pompeuses et agréables suffisent aux esprits naïfs ou légers.

Exemples : les paroles et les gestes des gens décoratifs; ce qui flatte nos désirs; les discours perfides des sophistes.

En effet : ce qui brille les ravit.

L'agitation cache souvent la médiocrité.
Exemple : quand elle empêche la réflexion.

*
* *

Un dévouement motivé a plus de prix, qu'un dévouement commandé.
En effet : le premier est la récompense de certaines qualités, et il manque par suite de banalité.
Exemple : un dévouement affectueux vaut mieux qu'un dévouement charitable.

*
* *

De la Victoire.

A organisation et à forces égales : la victoire appartient à celui dont le coup d'œil est le plus sûr et le plus perçant; autrement dit : à celui dont l'esprit est le plus philosophique.
En effet : c'est celui-ci qui distingue le mieux, ce qu'il importe de faire.
Conclusion : dans le chef, ces facultés sont capitales.

Les racines de nos idées doivent plonger dans l'expérience, pour y puiser leur sève et leur floraison.

Une peine partagée est une peine divisée, et par suite diminuée.

De plus, cela l'empêche de se cristalliser.

*
* *

Il faut que les jouissances de l'ambition soient bien grandes : pour compenser les avantages d'une vie simple et modeste.

En effet : il leur faut compenser les déboires que celle-ci n'a pas.

*
* *

On ne sait pas jouir de la vie, quand on ne réfléchit pas.

En effet : on ne juge pas ce qui est bien, à sa juste valeur.

Exemple : on n'apprécie pas assez, ce que valent le nécessaire, le sérieux, et la sécurité.

*
* *

Les esprits vulgaires ne s'occupent guère que de leurs instincts, et de ce qui tombe sous leurs sens.

Exemple : la sympathie des idées, la philosophie des hommes et des choses, les intéressent fort peu.

Conclusion : on ne peut avoir avec eux que des rapports de surface.

Dans les sentiments, il est juste de ne donner que ce que l'on peut nous rendre.

En effet : le contraire est trop douloureux.

*
* *

Il ne manque pas d'ignorances désirables.

Exemple : celles de ce que l'on ne peut avoir.

En effet : cela nous évite des regrets superflus.

*
* *

L'ironie peut n'être que la censure, de ce qu'il ne faut pas.

Dans ce cas, ses morsures, sont saines et cinglantes.

*
* *

La civilisation actuelle nous entasse de plus en plus, comme des harengs en caque.

Exemple : l'accroissement continu des usines, des administrations et de la bureaucratie.

*
* *

Les sots et les fous, font ressortir les qualités et les défauts humains.

En effet : ils montrent combien il importe d'être le contraire de ce qu'ils sont.

Finalement : nos sentiments et nos pensées, se soldent par des faits.
Exemple : nos illusions se soldent par des chutes.

Si nous jugions davantage les hommes, sur leurs penchants et sur leurs instincts, nous serions moins trompés.
En effet : ce sont toujours eux qui finissent par percer.

En résumé : il faut être positif pour les choses de la terre; et idéaliste pour les choses du ciel.
En effet : l'on est garanti ainsi, de tous les côtés.

Peut-on créer des facultés innées?
Dans l'affirmative, le perfectionnement de l'humanité ne sera plus qu'une question de temps et de soins (1).

On reconnaît les gens personnels : à ce qu'il faut toujours s'occuper d'eux, ou de ce qui les concerne.
En effet : ils se figurent qu'ils sont le centre de tout.

---

(1) Voir la Troisième Partie.

Ce n'est pas ce qu'on voit, qui importe le plus : c'est ce qu'il faut voir.

Exemple : les conséquences de ses désirs et de ses fantaisies.

* *
*

L'esprit d'un homme est complet : quand il vibre avec activité et justesse, sous tout ce qui peut intéresser.

* *
*

Pour les enfants gâtés de tout âge, de tout sexe, et de toute condition : ce qui ennuie est un mal, même quand cela profite.

Exemples : une saine fatigue; de l'expérience pénible.

* *
*

Comme les grands nuages orageux : le calme et la réflexion, renferment des éclairs.

Exemple : des décisions subites et justes.

* *
*

Il est doux de se blottir, dans une âme aimante et sympathique.

En effet : on s'y trouve à l'abri, de l'indifférence de l'humanité.

La volonté peut créer la vie.
Exemple : quand elle développe nos facultés et leur production.

* * *

Les hommes d'État prévoient et conduisent les événements : les hommes de talent se contentent de les voir, au point de vue du métier.
Exemple : un grand avocat devenu ministre, sans pouvoir se changer.

* * *

Comme les moutons qui pacagent : les masses marchent la tête basse, en se conformant aux mouvements collectifs.
Conclusion : elles n'obéissent qu'au besoin, qu'à l'espoir ou à la peur.

* * *

Les folles dépenses ne coûtent guère, pour satisfaire ses passions.
Exemple : quand pour paraître, on fait plus qu'on ne peut.

* * *

Avoir été bon, juste et pratique : est la consolation suprême des vieillesses pensantes.
En effet : cela leur donne la satisfaction du devoir accompli, et l'espoir d'un bon souvenir.

Les contradictions inutiles indiquent un défaut de tact, ou d'intelligence.

En effet : elles irritent, et font perdre le temps.

En convertissant ses idées en impressions ou en sensations, l'on a bien des chances de se faire comprendre.

En effet : celles-ci sont à peu de chose près, les mêmes pour tout le monde.

Il n'existe pas de cœur d'artichaut assez gros, pour en donner une feuille à chacun.

Il en est de même du cœur humain.

L'on aime parfois, à entendre dire ses vérités : soit par curiosité, soit pour qu'on parle de nous; mais à la condition, toutefois, de ne pas trop s'en inquiéter.

Exemple : pour ne pas avoir à s'en corriger.

La prévoyance réussit souvent mieux que le travail et l'opiniâtreté.

Exemple : quand elle empêche les déboires et les intrigues : quand elle simplifie les difficultés.

Faire le bien, en dédaignant l'ingratitude, ne peut être que de la bêtise, de l'humour, ou de la charité.

* * *

La démocratie ne sera un bien que lorsqu'elle préférera : la simplicité à l'envie; et le mérite à la vulgarité.

* * *

Nul ne tient à travailler pour rien.
Conclusion : on ne se dévoue pas à fond, pour ce qui dégénère.
Exemple : pour un pays, pour un parti, pour des gens qui déchoient.
En effet : c'est l'espérance qui nous donne des ailes.

* * *

L'individualisme est un germe mortel.
En effet : il pousse aux jouissances égoïstes, au détriment de la communauté.
Et quand celle-ci succombe, il périt avec elle.

* * *

Plus les impressions sont vives, plus elles pénètrent dans l'esprit.
Conclusion : pour bien instruire, il faut les exciter.
Exemple : par des contrastes, ou par des sensations.

On penche toujours du côté de ses satisfactions.

Si donc on ne les modère pas : vu la force de la vitesse acquise, elles se transforment en excès, et bientôt en vices.

Exemples : la liberté se métamorphose en licence; les besoins essentiels se changent en débauches, et la mollesse devient de la lâcheté.

*
* *

Ce qu'il y a de plus beau dans l'or au point de vue moral : c'est de permettre de faire le bien, et de procurer l'indépendance.

*
* *

Les professionnels du plaisir préfèrent le malheur, à la peine de le prévoir et de l'écarter.

En effet : les joyeux horizons leur suffisent.

*
* *

Ce qu'il y a de navrant dans la mort : c'est de voir disparaître pour toujours, d'attachantes qualités.

Exemples : une affection fidèle, un dévoûment profond.

*
* *

C'est le nécessaire et à fortiori l'indispensable qui permettent d'exister.

Il faut donc avoir l'esprit maladif : pour leur préférer ses goûts, ses habitudes, et la vanité.

On reconnaît les esprits étroits ou frivoles : à leur degré de répugnance pour l'étude de soi-même.

En effet : les premiers et celle-ci, s'excluent mutuellement.

Exemples : l'impulsivité de ses fantaisies, et la recherche de ce qui nuit.

*
* *

On retrouve réunies en nous, des aptitudes éparses chez certains animaux.

Exemples : la coquetterie, le caquetage, les manières des oiseaux; tous les instincts du chat; la nervosité des chevaux de sang; les aptitudes des chiens de chasse, de garde et de salon.

*
* *

Evidemment, les singes sont des animaux supérieurs.

Mais ceux qui imitent les singes, ne peuvent pas être des hommes supérieurs.

Exemple : les gens qui ne sont mus que par des suggestions.

*
* *

On fréquente les esprits brillants et sans fond, parce qu'ils amusent.

Mais on se lie avec les esprits posés et réfléchis, parce qu'ils reposent et parce qu'ils intéressent.

L'acquisition d'une parure intéresse plus le beau sexe que celle d'une qualité.

En effet : cela brille davantage, et cela ne demande pas autant d'efforts sur sa volonté.

L'obéissance et la douceur font d'agréables sous-ordres. Par contre, elles font de mauvais sous-chefs.

En effet : nul ne peut compter sûrement sur elles seules.

Ne sont pas de vrais conducteurs d'hommes : ceux qui craignent l'initiative et l'audace de leurs subordonnés.

En effet : ce sont celles-ci qui brisent les obstacles.

L'imitation et l'assimilation heureuses, ne sont qu'un écho de l'intelligence.

En effet : elles n'ont pas de valeur intrinsèque.

Le malheur des temps fait : que l'on a plus besoin de spécialistes, que d'hommes véritables.

En effet : il faut plus d'hommes-machines que de beaux caractères.

L'on n'est pas intelligent, quand on se crée des soucis inutiles.

Exemple : quand on se passionne pour des cancans, ou pour des riens.

En effet : cela prouve que l'on ne comprend pas que l'on pourrait faire mieux.

Le Progrès sans fin étant devenu Dieu : à quand l'abolissement des soucis et des peines; à quand l'égalité des jouissances sans limites; à quand la suppression des maladies et de la mort?

On devrait nous le dire, pour nous faire patienter.

L'affection et l'amour dépendent des tempéraments.

Exemples : ils sont secs ou mystiques, avec les nerveux ou les sensitifs; chaleureux ou sensuels, avec les sanguins; doux ou sentimentaux, avec les lymphatiques; sombres et passionnés, avec les bilieux.

De plus : ils offrent autant de combinaisons que d'individus.

*
* *

On s'éloigne forcément de ceux qui nous irritent.
Exemple : de ceux qui pensent faux.
En effet : ils révoltent sans cesse notre bon sens.

La jeunesse, pleine d'espoir, travaille pour acquérir.
La vieillesse désabusée travaille pour s'étourdir.

* * *

La naïveté est le contraire, de la perspicacité.
En effet : celle-ci est faite, de ce que l'autre ignore.

* * *

Intriguer, se démener, réussit mieux, que de rechercher le bien.
En effet : on séduit ainsi tous les gens, qui se contentent des dehors.

* * *

Le calme nous permet de jouir de nos facultés.
Exemple : du fruit de nos réflexions et de nos observations.
On le trouve : dans le nécessaire satisfait, et dans l'indifférence pour les froissements mondains.

* * *

Singulière chose que la vie ! que l'on aime d'autant moins, qu'on la connaît plus.
Exemple : quand on connaît ses illusions, ses mirages, et sa brièveté.

La croyance est plus commode que la certitude.

En effet : celle-ci exige des preuves; et celle-là se contente d'errer à l'aventure.

*
* *

Qu'est-ce qui vaut le mieux : l'obéissance passive, ou l'initiative?

Ce qui vaut le mieux : c'est l'initiative dans la cohésion.

En effet : leurs avantages existent alors sans leurs inconvénients.

*
* *

Pour être un homme d'élite : il faut être mû par des idées supérieures à soi.

Exemple : par l'idéal du beau, ou de la justice.

En effet : on aspire toujours, dès lors, à monter.

*
* *

Nos peines et nos joies n'ont guère plus d'importance, que celle des nuages qui passent.

Exemple : celles de nos aïeux.

*
* *

Pour être relativement heureux : il suffit de s'occuper utilement l'esprit.

En effet : tôt ou tard, l'utilité devient agréable.

L'observateur et le psychologue : sont des chasseurs de faits et d'idées.

Plus heureux que leurs collègues des champs : le gibier de toutes sortes, ne leur manque jamais.

Exemples : le contraste des caractères, les variations de l'humeur.

Les repus, les paresseux, les ramollis ne veulent pas savoir : que pour triompher de ses ennemis mortels, il faut les surpasser.

Exemple : par l'organisation et par la volonté.

En effet : cela les fatiguerait trop.

Il y a deux sortes d'affections.

L'affection froide, passive, égoïste, qui se mesure aux profits qu'elle en peut retirer; et l'affection spontanée ou motivée, qui jaillit comme une source.

Pour le beau sexe, les desserts sont plus importants que pour le sexe laid.

En effet : ses instincts le portent plutôt vers ce qui est friand ou coquet, que vers ce qui est solide.

Nos droits nous inquiètent plus que nos devoirs.
Exemples : dans la vie publique; dans son propre métier.

*
* *

L'immensité calme nos déceptions.
En effet : elle nous en fait comprendre la petitesse.
Exemples : la vue de la mer, ou d'une belle nuit.

X

Ce n'est pas au moment d'agir, qu'il faut réfléchir : c'est avant.
En effet : pendant l'action intense, il est trop tard pour prévoir.

*
* *

Quand notre mort est un malheur : cela prouve que notre existence était nécessaire.
Conclusion : il n'y a pas de moyen plus sûr, pour se faire regretter.

*
* *

L'homme aime drôlement, disent les femmes : « Il aime avec la tête, ou par passion sensuelle. »
En effet : la plupart d'entre elles aiment surtout par instinct, par intérêt, ou par coquetterie.

Nul ne sait jusqu'où peuvent aller la bêtise et l'orgueil.
En effet : ils ne cèdent qu'à la force, ou à la fatalité.

*
* *

On travaille pour trois raisons : pour vivre, pour s'élever, ou pour pouvoir s'amuser.

*
* *

On ne connaît bien les hommes, que lorsqu'ils ont fait souffrir.
Exemple : par leur méchanceté, par leurs partis pris, ou par leur bêtise.
En effet : la souffrance pénètre plus que le plaisir.

*
* *

Le scepticisme (doute extrême) est un mal, quand il empêche l'action.
Exemple : quand il amène le découragement.
En effet : c'est l'action utile qui donne de la valeur à la vie.

*
* *

Faire son métier ne suffit pas.
Il faut encore en connaître la philosophie; c'est-à-dire sa psychologie, et ce qui le fait rayonner.
Exemples : ce qui rend supérieur à ses adversaires; ce qui permet d'éclairer, ou de dominer son milieu.

Les amis sérieux sont d'heureuses connaissances.
En effet : ils nous servent d'appui et de distraction.

* * *

Ce qu'il y a de plus déplaisant dans l'homme, c'est sa personnalité.
En effet : au fond et en général, il ne voit que lui.
Exemples : dans les conversations, dans les affaires et en affection.
De là vient la difficulté de pouvoir sympathiser.

* * *

En un sens : le mérite est une assurance contre les difficultés de la vie.
En effet : c'est lui qui nous permet de les surmonter.

* * *

La sympathie est toujours agréable.
En effet : elle repose l'esprit, tout en l'attirant.

* * *

La preuve des idées peut ne pas être visible.
En effet : il suffit pour qu'elle existe, d'en contrôler les résultats.
Exemple : il n'est pas besoin d'aller en Chine, pour être certain de son existence.

Quelques jouissances intimes.

Agir utilement.
Être pratiquement sûr, que l'on est dans le vrai.
Être pratiquement sûr, de sa sécurité.
Être pratiquement sûr, de sa capacité.
Être certainement sûr, que l'on est estimé.

L'une de nos plus précieuses qualités, est l'empire sur nous-même.
En effet : avec le discernement, il permet le sang-froid et une bonne direction.

Quand on fait des agneaux, au lieu de faire des hommes : on travaille pour les loups.
De plus : les futurs bergers ne seront que des moutons.

La folie est un manque de discernement; et réciproquement.
En effet : le propre de la folie est de ne pas discerner ce qu'il faut dire ou faire.
Conclusion : plus on manque de discernement, plus on se rapproche de la folie.

L'intimité exige une participation réciproque : dans nos travaux, dans nos peines et dans nos joies.

En effet : il existe par cela même, une union des âmes.

*
* *

L'éducation et le milieu sont surtout importants : pour les esprits imitatifs, routiniers et nonchalants.

En effet : ils apprennent plus par leurs sens, que par leur esprit.

*
* *

« Il n'existe pas de médaille sans revers. »

Exemples : la diffusion du savoir entraîne la pédanterie des masses; l'encombrement des carrières, la surproduction; et par suite aussi, la difficulté de vivre.

*
* *

On distingue deux genres de satisfactions intellectuelles.

Les jouissances de l'esprit.

Exemple : celles de l'art et de la beauté.

Puis : la poursuite favorable, d'un objectif qui plaît.

*
* *

« Il n'y a que la foi qui sauve. »

C'est possible, mais à la condition qu'elle ne nous perde pas.

Exemple : la foi des joueurs dans leur étoile.

En somme : il est naturel de ne se donner de la peine, que pour ceux qui savent en profiter.

A quoi bon, en effet, gaspiller son temps !

*
* *

Celui qui exprime des idées qui plaisent, est toujours charmant.

En effet : l'on s'admire en lui.

*
* *

De la belle humeur ou de la gaieté pratique valent mieux, que des sentiments raffinés et nuageux.

En effet : elles rendent la vie plus attrayante.

*
* *

Pour détruire le mal : il faut le connaître.

Conclusion : il faut le faire comprendre, pour pouvoir l'atténuer.

Ceci est l'excuse, des vérités mordantes et bien intentionnées.

*
* *

Déçu, fatigué, par les mauvais côtés du progrès matériel (surmenage, individualisme, morsures de l'envie ; folies de l'égalité, du luxe et des grandeurs) : l'homme leur préférera peut-être, un jour, le contentement intime.

Exemple : le culte de la philosophie, et de la belle humeur.

DEUXIÈME PARTIE

DU

" COMBAT POUR LA VIE "

PRINCIPES

A INCULQUER PAR LA SÉLECTION (1)

---

(1) Voir la Troisième Partie.

FACULTÉS PRIMORDIALES

Notre esprit doit contenir les éléments indispensables pour atteindre son but.

Or, nos idées sont produites : par l'instinct, — par l'observation, — par le souvenir, — par la réflexion et par le raisonnement ; — de plus, c'est le jugement et l'expérience qui doivent les diriger.

Conclusion nº I. — Il faut donc posséder ces facultés à un degré quelconque.

Or, ces facultés sont intimes : elles doivent par suite pouvoir se traduire en faits.

On y arrive avec l'initiative, l'énergie, l'activité et la volonté.

Ces dernières facultés sont des forces initiales souvent aveugles : elles manquent d'un pouvoir extérieur, qui leur soit personnel.

En effet : il faut voir le danger ; il faut apercevoir le dessous des choses ; il faut déjouer la méchanceté.

Conclusion n° II. — L'esprit doit donc contenir les facultés qui embrassent ou qui pénètrent le monde extérieur.

Exemples : l'imagination pratique, l'esprit d'investigation, la sûreté du coup d'œil.

EN RÉSUMÉ. — Avec une intelligence moyenne et une dose suffisante des qualités ci-dessus, on peut envisager sans crainte le « Combat pour la vie ».

De l'Homme privé.

L'homme qui se respecte tient à être estimé ; et il est, de plus, heureux d'être aimé.

Or, pour que cela soit, il faut être doué de certaines qualités :

Exemples :

1° L'existence, tout d'abord, doit être honorable.

A ce point de vue, comme aux autres, le **discernement** est surtout nécessaire.

En effet : c'est lui qui donne le tact des affaires, la justesse de l'esprit, et la rectitude dans l'art de la conduite.

✤

2° Vient ensuite le **caractère,** avec lequel on vit.
En effet : un caractère calme, aimable et sûr, rend la vie agréable aux autres et à soi-même.

✤

3° Enfin pour attirer et pour unir, il faut y joindre encore les **qualités du cœur.**
Exemple : de la bonté, de l'effusion et du dévouement.

* * *

De l'Homme public.

La puissance et la loyauté de la vie publique sont la sauvegarde : de nos intérêts, — de notre vie privée, — de notre indépendance, — et de notre rayonnement dans le monde.

Le devoir d'un homme intelligent et honnête : est donc de défendre ces biens, envers et contre tout.

Exemples :

Contre les sophismes : contre l'ignorance de l'expérience et de l'Histoire; et aussi contre l'égoïsme ou la violence, des hommes et des partis.

❧

Pour remplir ce devoir : le citoyen éclairera son milieu, par son savoir et par son bon sens.

Il lui servira d'exemple; et en sauvegardant les intérêts communs, il travaillera pour lui.

❧

Par surcroît : il méritera l'estime et la reconnaissance, de ceux qui le jugeront.

*
* *

De la Réussite.

En dehors du hasard : la réussite est la combinaison du savoir et de l'esprit pratique.

Or, l'esprit pratique est la tendance naturelle à sacrifier : son plaisir, sa personnalité ou ses suppositions, à ce qui est certain, nécessaire ou sérieux.

Il est encore l'étude patiente et constante de tout ce qui peut servir.

Exemples :

L'esprit pratique apprend que pour réussir : il faut posséder ou acquérir telles ou telles qualités (pp. 371 à 374); — que l'organisation fait la force; — que pour être peu trompé, il faut être très renseigné et très documenté; — que l'expérience est le fruit de nombreuses déceptions, de beaucoup de travail et de réflexions; — que les résultats sont proportionnels au savoir, à la sagacité et à l'activité; — qu'il faut avoir à la fois, de la prudence et de l'audace; — et enfin qu'il faut être digne, des responsabilités qui nous incombent.

*
* *

Du Chef.

L'objectif du chef est la réussite.
Or, la réussite dépend de l'organisation, et de la direction.

S'il s'agit d'une entreprise :
L'organisation devra être aussi savante et aussi puis-

sante que possible; et le chef devra posséder les qualités que demande la réussite (p. 374).

❧

S'il s'agit de lutter :
Son organisation devra être au moins égale à celle de son ennemi; et il devra lui être supérieur : par la profondeur de ses desseins; — par la rapidité de ses conceptions; — par son activité, par son énergie et par son savoir.

Comme l'aigle : il devra pouvoir planer ou fondre sur sa proie.

❧

L'exacte appréciation des événements, des hommes et de lui-même, lui est de plus nécessaire.

Exemple : Si Napoléon Ier s'était rendu compte de sa témérité, sa fin eût été autre.

❧

Le chef, enfin, doit savoir commander.
Pour cela : par sa supériorité professionnelle; par la sûreté de ses décisions; par la confiance qu'il inspire; par son énergie et son intrépidité : il doit tenir ses subordonnés, suspendus à ses gestes.

TROISIÈME PARTIE

SÉLECTION DE L'HOMME

PRINCIPES GÉNÉRAUX

DE LA

SÉLECTION [1]

a. — La **sélection** est l'art de perfectionner les races. Plus spécialement : la sélection est l'art d'unir les types supérieurs d'une race, pour la perfectionner.

b. — Par la sélection : on produit des races se rapprochant de ce que l'on désire; et l'on augmente leurs qualités, de génération en génération.

c. — Le **croisement** est l'union des deux sexes, dont l'un appartient à une race supérieure, et dont l'autre appartient à une race moins parfaite.

d. — Il y a deux sortes de croisements.

---

[1] *Ces principes sont expérimentalement connus.*

a. — Ou bien les pères qui forment la race améliorante figurent plus ou moins longtemps dans les unions successives; — ou bien on croise deux races différentes, dans l'espoir que leurs qualités réunies se retrouveront chez leurs enfants.

b. — Il ne faudrait pas abuser dans la sélection d'une parenté très rapprochée : parce que dans ce cas, les enfants deviendraient chétifs et impropres à la reproduction.

Il en serait de même pour l'union trop renouvelée des mêmes tempéraments.

c. — Les germes des qualités (et malheureusement aussi ceux des défauts) ne se perdent jamais.

C'est à cela, d'ailleurs, que l'on doit l'atavisme *(atavus,* aïeul).

d. — La question est donc de multiplier autant que possible et de consolider les germes des qualités; tout en éliminant ceux des défauts.

e. — Le père est le créateur, le type de la race. La mère est le sol dans lequel la semence est reçue et se développe.

a. — Il en résulte que les pères devront être d'une race plus parfaite que celle des mères.

Dans les unions qui suivent, les pères devront être autant que possible de la race améliorante, ou de races voisines et supérieures; on évitera ainsi de fâcheuses surprises.

b. — Les enfants du sexe masculin, tiennent généralement de leur mère; et les enfants du sexe féminin, sont généralement du côté de leur père.

c. — Les formes du corps du père et ses caractères les plus saillants, ont une influence surprenante.

Exemple: dans la forme de la tête et des traits. Le père semble surtout transmettre, ce qui a rapport à la vie extérieure.

d. — La mère transmettrait plutôt la taille, le tempérament, la faculté d'apprendre, et ce qui tient à la vie intérieure.

e. — Les grands-parents transmettent certaines facultés à leurs petits-enfants, par l'intermédiaire de leurs propres enfants.

Ainsi, l'on prétend que les bonnes vaches laitières

transmettent cette propriété à leurs petites-filles, par l'intermédiaire de leur fils.

Dans la race humaine : cette faculté de transmission s'exerce sur le moral comme sur le physique.

Elle a une importance énorme, — et souvent capitale.

❊

a. — Sous l'influence des causes externes auxquelles ils sont soumis, les individus prennent des caractères qui passent à leurs enfants, et qui finissent par devenir une *propriété de la race.*

Exemples : la douceur des procédés et l'abondance, font des races dociles; — les chevaux habitués à tirer, font des races lourdes et grossières; — les chevaux habitués à courir, font des races nerveuses et impressionnables.

❊

b. — Plus une race est ancienne et bien établie : plus ses qualités ou ses défauts sont difficiles à déraciner.

Exemple : dans le croisement des nègres et des blancs, les caractères physiques et moraux du nègre disparaissent lentement.

❊

c. — Les qualités ou les défauts ayant un caractère fixe et constant dans une famille ou dans une race, seront transmis à leurs descendants d'une façon presque certaine.

Exemples : la bonté; les yeux bleus et les cheveux blonds des gens du Nord; les nez convexes des sémites.

a. — Quand le père et la mère sont de races différentes, il ne faut pas qu'ils offrent entre eux, de trop grands contrastes.

En effet : leurs enfants seraient généralement un mélange informe des différences qui existent entre leurs parents.

b. — Cela devient évident quand on croise un beau cheval de sang, avec une jument dont les caractères lui sont opposés.

c. — Pour les mêmes motifs, il est préférable de ne pas allier des races extrêmes.

d. — L'union d'individus proches parents donne de la constance aux caractères particuliers d'une race : mais comme nous l'avons déjà dit, quand on en abuse, la race dégénère.

e. — Dans une famille issue de croisements multiples : la race et les types des enfants sont livrés au hasard.

f. — Ce ne serait que vers la huitième génération, que les caractères d'une race s'établiraient solidement.

a. — Dans un croisement de deux races différentes, c'est la race la plus ancienne qui prédominera.

Exemple : dans l'union d'un Basque et d'une femme issue d'un Slave, c'est le type basque qui devrait dominer.

✥

b. — Plus deux races que l'on veut croiser diffèrent l'une de l'autre, plus il est difficile d'établir chez les descendants la constance de leurs qualités.

Conclusion : plus il est difficile de créer avec elles une race intermédiaire.

Ainsi : il serait difficile de créer une nouvelle race bien caractérisée, avec des Arabes et des Scandinaves.

✥

c. — On ne doit pas améliorer les petites races, avec de trop grands types masculins.

En effet : les germes de ceux-ci ne peuvent pas se développer à l'aise chez la mère, et il en résulterait des produits disproportionnés.

✥

d. — Quand cela se peut : il faut éviter le croisement de deux races différentes.

En effet : les résultats de ces croisements, sont complètement aléatoires; et l'on a plus de chances d'améliorer une race établie que d'en créer une nouvelle.

a. — De plus, pour arriver sur l'homme à des résultats suivis, la vie d'un observateur ne suffirait pas.

✦✦✦

b. — Les hommes et les animaux transplantés d'un climat dans un autre, prennent à la longue les caractères et la nature des indigènes.

En principe : trois ou quatre générations suffisent pour cela.

✦✦✦

c. — Les formes extérieures, sont l'indication de la structure intérieure.

✦✦✦

d. — Plus les poumons sont gros, mieux on se nourrit. Cuvier dit que « la force musculaire est en raison de la respiration ».

✦✦✦

e. — Pour que les poumons soient gros : il faut que la poitrine soit haute et large.

✦✦✦

f. — Les reproducteurs ne doivent être ni trop vieux, ni trop jeunes : ils doivent être d'une santé parfaite.

✦✦✦

g. — Les régimes que l'on suit, le genre de nourriture et des occupations, les bons ou les mauvais traitements, etc., etc., donnent aux individus des caractères spéciaux qui se transmettent à leurs descendants, et qui finissent par faire partie de leur constitution.

Ainsi les enfants nourris d'une manière simple et substantielle, ont plus de nerf, plus de courage, plus de vigueur et d'activité, que ceux qui sont nourris d'une façon trop recherchée.

❧

a. — Une nourriture substantielle sous un petit volume, forme des chairs fibreuses et bien musclées, de la vigueur et de l'énergie.

Exemple : les chevaux de course.

Une grande quantité de nourriture peu nutritive pousse au développement physique, et à la nonchalance du corps et de l'esprit.

Exemple : le bétail des marais.

❧

b. — Les races perfectionnées à force de soins dégénèrent quand ces soins viennent à manquer.

Dans ce cas, en effet : la nature première reprend tous ses droits.

❧

c. — L'homme et les animaux ont été créés pour une vie simple, sinon rude; et pour des occupations physiques spontanées, correspondant à leur âge.

La dépression des caractères et la dégénérescence physique actuelles, sont dues sans nul doute au mépris de cette loi.

VUE D'ENSEMBLE

L'homme est **l'union de son tempérament, et de ses facultés intellectuelles et morales.**

*
* *

La caractéristique de notre **nature physique** réside donc, dans notre tempérament qui contient en germe : les sensations, les impulsions; et les instincts qui nous sont propres.

*
* *

Les **facultés morales** viennent, soit de l'instinct, comme la bonté; soit des facultés instinctives et intellectuelles réunies.

Exemples : la conscience, l'affection motivée ou raisonnée.

*
* *

Les **facultés intellectuelles** résident dans le cerveau. On sent que c'est en lui, que s'élaborent nos pensées.

Elles sont expansibles presque à l'infini comme l'imagination; et elles se dilatent sous la pression des influences externes et de l'exercice pratique.

Exemple : la mémoire.

En général, les unes et les autres se reflètent automatiquement : soit dans notre physique, soit dans nos gestes, soit dans nos manières, soit dans le jeu de la physionomie (1).

Examinons de plus près, les rapports qui existent entre le physique et le moral.

---

(1) Voir les propriétés des tempéraments, pp. 395 et suivantes. — Voir les propriétés intellectuelles, pp. 400 et suivantes.

DES TEMPÉRAMENTS[1]

On sait qu'il y a quatre tempéraments.
Le tempérament nerveux, — le tempérament sanguin, — le tempérament bilieux, — et le tempérament lymphatique.

Le type du tempérament nerveux est un corps et des membres grêles, des cheveux blonds fins et frisés, des yeux bleus, et la peau blanche et fine.
On rencontre souvent des fronts hauts, dans ce tempérament et dans ses composés.

Le tempérament sanguin se reconnaît à une chevelure noire ou châtain, à des yeux noirs ou bruns, à une peau blanche et brune, avec dessous sanguins.
Les yeux qui accompagnent ce tempérament, sont plus ou moins ronds.

On distingue le tempérament bilieux : à des cheveux très

---

[1] Voir leurs propriétés pp. 395 et suivantes.

noirs peu souples; à une peau et à des yeux d'un jaune noirâtre; à des muscles fibreux, fermes et bien dessinés. Les yeux appartenant à ce tempérament, sont généralement arrondis.

Le tempérament lymphatique se reconnaît : à des muscles volumineux, à la facilité à engraisser, à une peau très blanche et très fine, à des cheveux blonds, et à une forte ossature.

Les bœufs de travail gros et grands, de couleur claire, donnent assez bien l'idée de ce tempérament.

On ne rencontre presque jamais les tempéraments dans toute leur pureté. Ils se mélangent au contraire, pour former la variété infinie des individus.

On les désigne par ordre de prédominance, en faisant suivre leur nom de la lettre O, jusqu'au dernier exclusivement.

Ainsi, un tempérament plus nerveux que sanguin s'appellera : nervoso-sanguin. Un tempérament plus lymphatique que sanguin et plus bilieux que lymphatique, s'appellera : bilioso-lymphatico-sanguin.

FONCTIONS DES TEMPÉRAMENTS

Observation expérimentale :

Les tempéraments produisent des facultés et des instincts qui leur sont propres, comme chaque plante produit ses fruits.

Exemples : le tempérament sanguin donne un teint rosé, et une natur. violente (p. 396).

Le tempérament nerveux est sensitif et impressionnable (p. 396).

*
* *

PROPRIÉTÉS DES TEMPÉRAMENTS

L'observation, l'expérience, et la constance relative des faits, nous apprennent :

a. — *Que les tempéraments n'existent pas sans leurs propriétés.*

b. — *Et réciproquement : que les propriétés d'un tempérament, n'existent pas en dehors de lui.*

Exemple: le tempérament nerveux est toujours plus ou moins délicat, sensitif et impulsif; — et réciproquement : pour être délicat, sensitif et impulsif, il faut que l'on soit plus ou moins nerveux.

COROLLAIRES

N° 1. — *Quand on constate la présence d'un tempérament, on peut être assuré de la présence de ses propriétés.*

Ainsi : on peut être certain, sans l'avoir expérimenté, qu'une personne très nerveuse, est sensitive et impressionnable.

*
* *

N° 2. — *Quand les tempéraments se combinent, il en est de même de leurs propriétés.*

Exemple : la fusion des tempéraments nerveux et sanguin, fait des gens à la fois sensitifs et emportés.

*
* *

N° 3. — *Pour se ressembler foncièrement, il faut avoir plus ou moins les mêmes tempéraments.*

En effet : le Hollandais lymphatique, ne ressemble pas foncièrement au Gascon sanguin; et la mentalité du nègre n'est pas celle de l'Anglais.

N° 4. — *Chaque tempérament produit ses qualités et ses défauts.*

Et réciproquement : pour produire ces qualités ou ces défauts : il faudrait former le tempérament auquel ils appartiennent.

** * *

Conclusion. — *On peut obtenir les qualités désirées, en produisant les tempéraments qui les font naître.*

Pour introduire dans une race des qualités *particulières* et *instinctives*, la question est par suite ramenée à celles-ci :

a. — **Connaître les qualités que chaque tempérament renferme** (pp. 395 à 398).

b. — **Créer le tempérament qui contient celles que l'on désire** (p. 400).

Remarque. — De a et b (p. 391), il résulte que l'on connaîtra certains instincts primordiaux des gens, en connaissant leurs tempéraments.

De même : pour trouver quelqu'un ayant les tendances et les instincts de son choix : il suffira de chercher le tempérament qui les produit ; — à condition toutefois, que ses défauts ne l'emportent pas trop sur ses qualités.

Nota.— Il en sera de même pour les traits du visage, qui contiennent ou qui reflètent nos facultés intellectuelles et morales (1).

---

(1) Voir pp. 409 et suivantes.

Problème. — *Connaître les propriétés de chaque tempérament* (¹).

Si nous connaissions notre propre tempérament (p. 389), en observant avec soin : nos instincts, nos aspirations, nos passions, nos manières d'être et de faire, etc., etc., nous connaîtrions déjà, par notre propre expérience, les facultés et les instincts de ce tempérament.

Exemple : si l'on a un tempérament nerveux, il ne sera pas difficile de voir que l'on est impulsif, impressionnable, fébrile, etc.; et l'on en conclura que les tempéraments nerveux possèdent cette manière d'être.

Si au contraire, on est très sanguin : on s'apercevra sans peine que l'on est violent, mais sans méchanceté.
Donc : les tempéraments sanguins sont doués de tendances pareilles.

**
* **

Pour multiplier ces observations : on procédera avec autrui comme on l'a fait pour soi; et avec l'aide de ce qui

---

(1) Voir p. 389.

est déjà connu, l'on pourra établir des principes comme ceux-ci.

❖❖❖

Le *tempérament nerveux* est vif, léger, sensitif : il ne supporte pas de longs efforts physiques, intellectuels et nerveux; mais il est capable, d'élans puissants et passagers.

Comme il vibre, plus qu'il n'est émotionné : la chaude sympathie et la compassion du cœur, lui font souvent défaut.

Son genre rappellerait celui des oiseaux.

❖❖❖

Le *tempérament sanguin* est fougueux, bon et sensuel : par suite, il est franc, expansif, exubérant et bon vivant; mais il est violent et enclin à la colère.

Il est également plein de cœur et compatissant : ce qui le rend sympathique, affectueux ou passionné.

Étant par suite fort occupé : il manque souvent de réflexion, de clarté d'esprit; et aussi de sang-froid.

❖❖❖

Le *tempérament bilieux* est envieux, vindicatif, égoïste, personnel, susceptible de colères violentes et concentrées : mais il est tenace, actif, âpre au gain; ardent au travail, et à ce qu'il entreprend.

Il est plus passionné qu'affectueux, plus désagréable qu'aimable, plus renfermé qu'expansif.

En somme : il peut être dévoué et sérieux : mais les élans de l'âme, du cœur et de la sympathie, lui manquent généralement.

✳

Le *tempérament lymphatique* est le contraire du tempérament nerveux.

En effet : il est mou, lent, endurant et froid ; mais il est bonasse, réfléchi, sérieux ; et capable d'efforts longs et pénibles, pour peu qu'il soit uni aux tempéraments nerveux ou bilieux.

Étant généralement doux, bon, tranquille, sentimental et affectueux : on se trouve bien près de lui, quand il n'est pas trop mou.

Mais les tempéraments ne se présentent pas généralement dans la nature, d'une façon aussi simple.

Ils se combinent et s'enchevêtrent entre eux dans des proportions imprévues qui varient à l'infini.

Comme il en est de même des instincts et des façons de ressentir qu'ils apportent : il en résultera des fusions et des composés nouveaux souvent contradictoires, qui dérouteront tout d'abord celui qui les observe.

✳

Toutefois, en dégageant le fond des grandes lignes

ci-dessus, et la part qui leur revient : on pourra obtenir avec eux, des certitudes relatives.

Exemple : étant donnée une personne fluette, rose, teintée de couleur ocre : on pourra en conclure que son tempérament est nervoso-bilioso-sanguin; et qu'elle réunit les qualités de ces tempéraments, sans qu'aucun d'eux soit en excès.

Nous avons vu (1) qu'une infinité de causes extérieures (climat, nourriture, occupations, milieu, etc.), influençaient notre nature, au point d'en changer la constitution. Il importe donc d'en tenir compte dans ses observations.

---

(1) Voir pp. 382-a, 385-b, 385-g et 386-a et b.

Problème. — *Créer un tempérament par la sélection physique* (p. 379-b).

Solution :

On peut toujours se rendre compte, du tempérament des gens (p. 389).

De même : on connait les tendances et les instincts, qui caractérisent ces tempéraments (pp. 395 à 398).

Conclusion. — Il suffit donc de rechercher autour de soi, les tempéraments qui produisent les qualités que l'on désire (pp. 396 à 398).
Et de se conformer autant que possible, aux principes de la sélection (pp. 379 à 386).

De l'union des personnes qui possèdent ces tempéraments convenablement choisis (p. 379-a et b) : naîtront des enfants, qui se rapprocheront déjà de ce que l'on désire.

Méthode élémentaire

———❧❦❧———

Un exemple :

Créer une nature forte, énergique et bonne.

L'énergie soutenue, semble dans ce cas-ci devoir dominer.

En conséquence :

Au père (pp. 380-e et 381-c) incombe la mission de donner la force et l'énergie.

On les trouvera dans un tempérament nerveux et bilieux, doué de vigueur et de santé (p. 396).

* * *

A la mère (p. 381-d) incomberait la mission de donner la bonté.

Elle devra donc posséder une certaine dose de tempérament sanguin (p. 396).

* * *

Il sera procédé de même pour tous les autres instincts, dont quelques-uns sont signalés pages 396 à 398.

Méthode plus parfaite *(Suite)*

On peut vouloir accentuer certaines facultés instinctives; ou vouloir les fixer pour toujours dans une race.

Dans ce cas se reporter à la page 427, « Création d'une race d'élite ».

Problème. — *Atténuer les défauts instinctifs.*

La solution, est relativement facile.

En effet : il suffira de neutraliser l'excès du tempérament qui produit le défaut visé, par un apport suffisant du tempérament qui lui est opposé.

Exemple : des parents ont un fils trop colère et trop violent; et ils voudraient que leurs petits-enfants ne le fussent pas autant.

Pour que cela soit : il suffirait, en principe, que leur belle-fille ait un tempérament suffisamment lymphatique, pour neutraliser l'excès du tempérament bilieux ou sanguin, qui se trouve chez leur fils (1).

---

(1) Pour contrôle et renseignements, voir pp. 419 et suivantes.

OBSERVATION IMPORTANTE

Si l'on connaissait les caractères que chaque sexe transmet particulièrement à ses descendants, les procédés à suivre seraient extrêmement simplifiés.

En effet : il suffirait de choisir dans chaque sexe (et non à l'aventure), les personnes ayant les caractères que l'on veut transmettre (1).

*
* *

En suivant dans chaque famille, les caractères saillants que le père et la mère transmettent à leurs enfants : on arriverait certainement à découvrir d'utiles indications.

Mais ces constatations sont longues et délicates; et il faudrait tenir compte en outre, des lois lointaines de l'atavisme, qui semblent encore à l'heure actuelle complètement inconnues.

Mieux vaut donc rechercher rapidement ces lois, par les procédés indiqués aux pages 419 et suivantes.

---

(1) Voir pp. 396 à 398, 409 à 415.

DES FACULTÉS INTELLECTUELLES ET MORALES

Nos instincts et les besoins de nos tempéraments, sont des fonctions qui se conforment aveuglément à leur nature ou qui agissent sous l'influence du dehors.

Exemples : la colère ; les satisfactions de l'égoïsme et de la faim.

En principe : les facultés intellectuelles sont même indépendantes du tempérament.

Ainsi : on trouve des sots et des gens d'esprit, ayant le même tempérament.

Par suite : les tempéraments ne sont pas faits pour nous commander ; et quand ils le font, c'est généralement à notre détriment.

Exemple : les natures impulsives, passionnées ou maussades.

C'est donc à nos facultés morales et intellectuelles qu'incombe la mission de nous diriger (1).

❈

Les facultés intellectuelles sont nombreuses.

Elles constituent notre libre arbitre; et notre personnalité pensante.

Exemples :

La volonté, le jugement, le discernement, l'intuition, la perspicacité; la conscience, qui est une force à la fois intellectuelle et morale.

❈

Les facultés intellectuelles, résident dans le cerveau; et c'est là qu'on les recherche, quand on en a besoin.

❈

Etant élaborées par lui, et ayant leurs fonctions propres : elles doivent aussi dépendre de la forme et de la grandeur du crâne, qui les contient et qui les moule (pp. 385-c et 409).

❈

C'est ce que nous indiquent l'expérience, et la science encore conjecturale de la phrénologie.

---

(1) Voir pp. 371 à 376.

(Suite)

D'autre part : les facultés intellectuelles sont actionnées par les sens; et notamment, par celui de la vue.

Le développement de ces facultés et leur intensité, dépendent donc de la perfection des organes des sens.

Exemple : de la rapidité et de l'activité de perception.

De plus : les facultés intellectuelles ainsi que le caractère et les instincts, coïncident avec les traits du visage, et avec la physionomie.

Exemples : la volonté, implique l'expression physique de la résolution; — le sérieux et l'intelligence, donnent de la gravité; etc.; — et l'on peut ainsi se rendre compte extérieurement, de ce qui se passe dans l'esprit.

Conclusion. — Les signes des traits du visage, leurs expressions ou leur mobilité : nous indiquent la présence ou l'action, de nos facultés intellectuelles.

PROPRIÉTÉS
DES FACULTÉS INTELLECTUELLES

Comme pour les tempéraments (p. 391) : l'observation, l'expérience et la constance relative des faits nous apprennent :

a. — **Que ces facultés n'existent pas sans leurs signes.**

b. — **Et réciproquement : que les signes des facultés intellectuelles n'existent pas sans elles.**

COROLLAIRES

N° 1. — *Quand on a constaté la présence de certains signes du visage, on peut être assuré de l'existence des facultés qu'ils représentent.*

N° 2. — *Si l'on pouvait créer les signes du visage, on créerait par cela même, les facultés qu'ils représentent.*

N° 3. — *Quand les facultés intellectuelles se combinent, il en est de même des signes du visage.*

*
* *

N° 4. — *Pour se ressembler intellectuellement, il faut se ressembler physiquement.*

Conclusion. — Pour introduire dans une race des facultés intellectuelles : la question dès lors est ramenée à celles-ci :

a. — **Connaître les signes importants du visage (tout d'abord les expressions du front et des yeux)** (pp. 409 à 415).

b. — **Créer ces signes** (p. 416).

FACULTÉS MORALES

Les facultés morales sont :

Ou des facultés instinctives provenant des tempéraments.

Exemples : la bonté, la douceur; les facultés du cœur et des sentiments.

Ou bien, des facultés instinctives modifiées par les circonstances, par l'éducation, ou par les facultés intellectuelles.

Exemples : chaque peuple est imbu des préceptes de sa religion; — l'intelligence, l'observation, le milieu, modifient les instincts et par suite leurs effets.

Dans les deux premières parties de cet ouvrage, on a vu quels sont les germes de ces facultés, ainsi que les forces qui les font mouvoir.

Conclusion. — Pour obtenir les facultés morales, il suffira de connaître — les facultés instinctives ou intellectuelles qui les forment, — puis de les produire, simultanément, par les moyens indiqués pour les tempéraments, et pour les facultés de l'esprit.

Problème. — *Connaître les signes extérieurs des facultés intellectuelles.*

Pour les connaître, nous emploierons les méthodes indiquées pour la connaissance des tempéraments (pp. 395 et suivantes), et nous pourrons par suite établir des principes comme ceux-ci :

Exemples :

1° Connaître les signes provenant du front ou du crâne (1).

L'ampleur et la profondeur de l'intelligence coïncident avec un front haut, large, bosselé, et bombé sur les tempes.

Ce genre de front dénote : la recherche des causes, le discernement, la profondeur des réflexions; et par suite, l'esprit philosophique.

Les diverses spécialités, n'exigent nullement cette conformation : chacune d'elles a la sienne; et la plupart des grands artistes eux-mêmes, ne la possèdent pas.

Un front moins haut et d'une forme semblable indique :

---

(1) Voir p. 385-c.

une imagination et une puissance moins vastes; mais un esprit bien équilibré.

※

Un front creusé sur les tempes, un front fuyant ou pointu : indiquent une personne plus portée aux choses de l'imagination, qu'à celles du jugement ou du raisonnement.

※

Plus ces derniers genres de conformation s'accentuent : plus on s'éloigne de l'esprit philosophique, de la raison, et de l'aptitude au raisonnement scientifique; et plus on se rapproche de l'instinct, en se fiant surtout à sa mémoire.

Il en est de même, pour les fronts bas et étroits.

Exemple : pour les fronts qui rappellent ceux des animaux.

* *

Connaître les signes provenant de l'ensemble du visage.

Les traits reposés et accentués, les lignes droites et fermes, les regards calmes et concentrés : indiquent des caractères posés, graves et réfléchis.

※

Un visage au profil vertical, indique de la rectitude dans les idées.

Il ne faut pas confondre cette rectitude avec le jugement.
En effet : elle est automatique; et le jugement nécessite de la réflexion, de la justesse et de l'activité d'esprit.

❈

Les traits trop mobiles, les nez retroussés, les lignes brisées, courtes, sans consistance : dénotent de petits esprits enclins au rire, au plaisir et à la légèreté.

❈

Les traits contractés et rigides, les angles aigus; les regards froids et sans expression : indiquent des idées fixes et courtes, des partis pris tenaces; et des natures personnelles, manquant de la chaleur du cœur et de l'intimité.

*
* *

Connaître les signes provenant des yeux.

« Les yeux, dit-on, sont le miroir de l'âme. »
Cet adage est exact.

❈

En effet : les facultés intimes, expansibles et spontanées, sont liées au regard, à la nature et à la forme des yeux.
D'après leur éclat, on peut même apprécier l'intensité de la pensée.

Exemples :

Un esprit vif, entraîne des yeux vifs.

Un esprit philosophique, entraîne des yeux scrutateurs et profonds.

※

Les yeux petits, fendus en amande, un peu renfoncés, vifs et perçants : dénotent de la finesse, de l'esprit et de la perspicacité.

En effet : on sent qu'ils pénètrent.

※

De même, on lira dans le regard : la franchise et la fausseté; la sympathie ou la haine.

※

Les yeux ronds, gros, sortant de la tête, ne sont pas à propager.

En effet : ils dénotent de la personnalité sinon de l'égoïsme, de la nonchalance d'esprit; et la répugnance invincible pour l'effort sur soi.

Ils indiquent plus de mémoire que d'intelligence.

※

Les yeux glauques, vitreux et vagues, ne sont pas non plus à désirer.

En effet : ils dénotent le goût du nébuleux; l'aversion pour l'effort sur soi, pour l'esprit de suite; et pour ce qui est pratique.

Les yeux petits, ronds, vifs, tachetés, indiquent de la malice, de l'esprit; le goût du plaisir et des raffinements.

***

Les yeux d'un blanc bleuté, ardents ou lumineux, indiquent l'aptitude à l'affection, à l'amour, sinon à la passion.

***

Les yeux bleus, indiqueraient la candeur et l'esprit sentimental.

Les yeux jaunes, laisseraient supposer la fourberie et la fausseté.

Les yeux verts, feraient pressentir des idées romanesques, personnelles; et voire même perfides.

Les yeux couleur marron, semblent concorder avec un esprit ordinaire porté au bien-être, et aux intérêts vulgaires.

Les yeux noirs dénoteraient l'ardeur, la passion, et de secrets desseins.

*
* *

Le front et les yeux réunis, reflètent l'être pensant.

En effet : ils montrent l'ampleur des facultés intellectuelles; et les expressions du moral et de l'esprit.

*
* *

Connaître les signes provenant du nez et de la bouche.

Un nez droit ou bombé, de grosseur moyenne, avec des narines un peu épaisses : dénote un caractère ferme, sérieux et réfléchi.

Au contraire, un nez petit et retroussé prouverait un esprit léger, le goût du plaisir et de la frivolité.

Un nez crochu, mince, et des narines serrées, indiquent le goût des calculs intéressés; sinon de l'avarice et de la méchanceté.

※

L'explication en paraît difficile : à moins que par la suite du temps, la tension habituelle de la pensée n'agisse sur les organes, comme elle le fait pour l'expression des yeux, et pour nos facultés.

En effet : notre regard se ressent de nos pensées habituelles et de nos occupations; et nos facultés intellectuelles (mémoire, intelligence, valeur professionnelle) augmentent et se prolongent par leur culture pratique.

* * *

Une bouche ayant des lèvres horizontales bien musclées et bien dessinées, des mouvements souples, rapides et expressifs : est l'indice d'un esprit bon, franc, fécond et actif.

En effet : elle suit comme les yeux, les mouvements de la pensée; et contribue énormément, à l'expression de la physionomie.

Si la bouche était horizontale, mince et serrée : on pourait en conclure qu'elle appartient à un esprit froid, renfermé, sceptique; calculateur intéressé sinon avare; et peut-être même méchant et vindicatif.

CRÉATION DES FACULTÉS INTELLECTUELLES ET MORALES

Nous savons créer les **qualités instinctives** (pp. 399 à 401). Nous connaissons maintenant certains signes extérieurs des facultés intellectuelles (pp. 409 à 415).

Puisqu'il suffit de créer les signes de ces facultés pour les produire elles-mêmes (p. 407-a et b): on obtiendra les facultés demandées en résolvant le problème suivant :

*
* *

Problème. — *Créer par la sélection physique, les signes extérieurs des facultés intellectuelles.*

Exemple :

Faire naître un enfant ayant autant que possible l'esprit philosophique.

*
* *

Méthode élémentaire

Nous avons vu dans la première partie de cet ouvrage, « Causes instinctives et intellectuelles », que l'esprit philosophique nécessitait : du discernement, de l'impartialité, de la réflexion, de la sagacité et de l'observation.

Ces facultés sont d'un usage constant, pour réussir dans « le combat pour la vie ». C'est donc l'homme qui doit les posséder, au plus haut degré (p. 381-a).

※

Or, les signes de ces qualités se trouvent : dans un front vertical plus ou moins bombé sur les tempes; et plus ou moins bosselé (pp. 409 et suivantes).
Ils se trouvent encore : dans des yeux investigateurs; et dans une gravité recueillie et calme.
Ce sont donc ces caractères, qu'il faudra tout d'abord rechercher pour le père.

De plus, le tempérament nervoso-lymphatique, semble désigné dans cette circonstance (pp. 396 et 397).

L'esprit philosophique demande encore : de la finesse, de la perspicacité, de l'intuition et du tact. (Voir les Causes intellectuelles et instinctives, première partie.)

Ceci semble surtout, du ressort de la femme (p. 381-d).

— 418 —

Or les signes de ces qualités se rencontrent : dans des yeux horizontaux, vifs, pénétrants, assez petits, peu proéminents (p. 412); et dans une certaine sensibilité nerveuse sans excès (p. 396).

Ce sont donc principalement ces caractères, qu'il faut rechercher chez la mère.

En principe : le croisement de ces deux natures, contiendra donc bien les germes d'un esprit philosophique.

※

Comme toujours (voir pour la création des tempéraments, (p. 383-a et b) : il ne devra pas y avoir de grands contrastes entre le père et la mère; et les formes ou les caractères extérieurs les plus saillants du père, devront être corrects (p. 381-c).

Voir pour le reste, les principes de la sélection (pp. 379 à 386).

※

On procédera de la même façon pour toutes les autres facultés intellectuelles et morales.

Méthode plus parfaite

Comme pour les facultés instinctives (p. 401), nous nous reporterons à la page 427 (Création d'une race d'élite), si nous voulons accentuer lesdites facultés.

CRÉATION DES FACULTÉS MORALES

Se reporter aux conclusions de la page 408.

RENSEIGNEMENTS ET CONTROLE

PAR LES ANIMAUX

Il faudrait plusieurs générations pour vérifier scientifiquement sur l'homme, les résultats de la sélection.

De plus : l'observateur ne peut exécuter sur ses semblables, les expériences dont il a besoin.

Dès lors :

Considérant, qu'il y a une analogie complète : entre la vie physiologique et instinctive de l'homme et celle des animaux supérieurs.

Considérant d'autre part, qu'il en est de même pour certaines **facultés incorporelles** (mémoire, rapidité de conception, sympathie, colère, ruse, etc., etc.) : nous conclurons des mêmes effets aux mêmes causes; et nous étudierons chez les animaux, les connaissances qui peuvent s'étendre à l'homme.

Problème. — *Connaître les spécialités apportées par chaque sexe* ([1]).

---—✽◉—---

Cette connaissance est indispensable.
En effet : ces apports seraient inutiles, si on les appliquait au sexe qui ne les transmet pas.

✤

Première expérience. — On croisera par exemple, un dogue et une chienne de chasse à longs poils (première portée) : en choisissant des races, aussi pures que possible.
On notera les ressemblances particulières que les petits tiennent du père; ainsi que celles qu'ils tiennent de leur mère.
Vu la différence qui existe entre les parents, la dissemblance des petits devra sauter aux yeux.

✱
✱ ✱

Deuxième expérience. — On fera un deuxième, un troisième..., etc., croisements semblables au premier; mais avec des sujets différents, respectivement de la même race.
Si dans cette deuxième expérience et à plus forte raison dans les expériences suivantes, les apports du père et de

---
(1) Page 402.

la mère sont les mêmes que ceux observés dans le premier croisement : on en conclura forcément que *chaque sexe lègue spécialement tel ou tels facultés ou organes à ses descendants.*

* * *

Ainsi, on verra quel est le **sexe** qui apporte de préférence :

Le pelage, — la force, — l'ardeur, — l'intelligence, — l'activité, — la bonté ou la méchanceté; — l'attachement et la fidélité, — les aptitudes spéciales, — les formes diverses, — etc., etc.

En tout cas : il s'en dégagera au moins, des indications générales de plus en plus précises.

* * *

Conclusion : quand on voudra créer une spécialité, il suffira de la chercher, dans le sexe qui la possède et qui la transmet.

Les tâtonnements seront par suite évités.

CONTROLE

Troisième genre d'expérience. — On croisera, par exemple, une chienne de la race ci-dessus (première portée), avec un chien faisant contraste avec un dogue; avec un chien basset, par exemple.

Logiquement, les ressemblances qui existent entre les produits du basset et leur père : devraient être de la même espèce, que celles qui existent entre le dogue et ses petits (expériences précédentes).

Si donc, il en était ainsi : la preuve serait faite; et le problème serait résolu.

CONTROLE par les ANIMAUX

(Suite) (1)

ÉLIMINATION DES DÉFAUTS

Un exemple :

Comment atténuer dans une famille ou dans une race, la méchanceté ou la maussaderie ?

Solution :

Un chien dogue danois, possède bien ces caractères à un haut degré.

Au contraire : le chien de berger, compagnon habituel et héréditaire de l'homme : est bon, attentionné, dévoué, et foncièrement intelligent.

Le langage et l'association des idées, sont les avantages incorporels, qui lui manquent le plus.

*
* *

Première expérience : — Croisons par exemple : la femelle de ce dogue (première portée), avec un chien de

---

(1) Page 419.

berger de vieille et bonne race; et observons leurs petits.

Dans les yeux, dans les manières et dans les actes de ces produits : nous verrons dans quels rapports ont été atténués les défauts de la mère; ou autrement dit, quels sont les apports favorables du père.

On verra déjà, si par une seule alliance on peut atténuer la méchanceté et la maussaderie d'une mère; et dans quel sens cela se fait.

*
* *

Deuxième expérience. — Croisons une fille de cette première union, avec un deuxième chien de berger de la même race.

Le mieux augmentera; et l'on verra en quoi et comment.

*
* *

Troisième expérience. — On croisera une fille de cette deuxième union avec un autre chien de berger de la même race et ainsi de suite; jusqu'à ce que l'on soit arrivé au degré de bonté et de douceur voulues.

L'on verra ainsi le nombre relatif de croisements qu'il faut : pour extirper d'une race ou d'une famille, la maussaderie et la méchanceté; et dans quel sens cela se produit (1).

---
(1) Voir également l'expérience g, p. 385.

Nous avons vu que par la sélection, on pouvait avoir des enfants dans des conditions aussi bonnes que possible; et que, si les parents avaient de l'esprit de suite et le culte de la famille, leurs descendants deviendraient meilleurs.

Mais on peut avoir une ambition plus haute (1).

On peut vouloir fixer pour toujours dans son milieu, les qualités nécessaires et agréables qui donneraient à l'existence, du charme et de la sécurité.

Voyons comment on y parviendrait.

---

(1) Page 379-b.

Problème. — *Créer une race d'élite.*

Un exemple :

Créer une famille aimable et pratique.

Nous avons vu dans la première et dans la seconde partie de cet ouvrage : « *Causes instinctives et intellectuelles* », et « *Du Combat pour la vie* », que ces qualités exigeaient :

a. — Au moral, de la justesse dans l'esprit, — de la bonté bienveillante ; — une volonté ferme, et de l'activité.

b. — Et qu'au physique, — elles se trouvaient surtout : dans un tempérament nervoso-lymphatique (pp. 396 et 397); — dans un visage vertical et un front bien formé; — dans des yeux doux et pénétrants; — et enfin dans une expression de physionomie, sérieuse et bienveillante (pp. 409 à 415).

Pour les raisons déjà indiquées (p. 381-a et c), nous savons que le futur devra posséder principalement les signes qui indiquent : la droiture d'esprit, la fermeté et l'activité; et que la future devra surtout posséder ceux qui indiquent la bienveillance et la bonté (p. 381-d).

On se conformera de plus, autant que possible, aux principes généraux de la sélection (pp. 379 à 386).

*
* *

Génération N° 1. — En unissant deux époux possédant respectivement les signes qui représentent lesdites qualités, on produira **déjà** une *première sélection;* et ils formeront la génération n° 1 qui contiendra déjà une certaine dose des qualités demandées (1).

*
* *

Génération N° 2. — On choisirait dans la génération n° 1 les types répondant le mieux à l'objectif proposé, et on les unirait ensuite à des types supérieurs d'une autre famille de même race, possédant au plus haut point les qualités demandées ci-dessus.

Ces unions formeraient la génération n° 2. Les qualités recherchées y seront forcément plus développées que dans la première.

*
* *

Génération N° 3. — On procéderait pour cette géné-

---

(1) Voir p. 407, conclusion b.

ration, comme il a été dit pour la précédente; et il y aurait un nouveau progrès dans le but à atteindre.

Cette union formerait la génération n° 3.

* * *

Génération N° 4. — L'on opérerait de la même manière pour cette génération.

Mais pour la génération suivante, on pourrait déjà commencer à unir les cousins de la race, ainsi créée, en commençant par les plus éloignés.

* * *

Générations suivantes. — Ensuite les unions se feraient exclusivement dans cette race nouvelle, entre parents éloignés.

Conclusion. — En procédant comme il vient d'être dit, on fixera donc dans une race, de l'amabilité et de l'esprit pratique, puisqu'on lui aura inculqué les principes qui forment ces qualités.

MOYENS PRATIQUES

On ferait un livre qui contiendrait :

1° Les principes nécessaires et connus, de la sélection physique.

2° Tous les renseignements concernant les natures les plus enviables ;

Il en serait de même, pour les natures à rectifier.

3° En regard de chacune d'elles : on indiquerait les signes qui les caractérisent.

Ce livre serait à la disposition des intéressés.

Conclusion. — Avec un peu d'attention, chacun pourrait donc choisir facilement dans son entourage, la personne qui conviendrait le mieux à sa nature, et pour ses enfants.

* * *

De plus :

Pour augmenter les chances de réussite, des personnes autorisées tiendraient des registres par contrée où figureraient les types ci-dessus, — tout en tenant les noms secrets jusqu'à plus ample informé.

Les futurs époux y choisiraient ce qu'ils désirent, puis feraient ensuite connaissance comme ils l'entendraient.

Enfin, pour ceux qui le désireraient, on pourrait établir des généalogies analogues à celles des Herd-Books.

CONCLUSION GÉNÉRALE [1]

Le moral se modifie sans cesse avec le temps : par la volonté, par l'hérédité; et par les circonstances.

Il est clair, en effet : que la mentalité des Mérovingiens, par exemple, ne ressemble guère à celle d'un membre de l'Institut.

Or : comme d'après ce qui précède, on peut découvrir les préceptes pratiques de ces modifications : il s'ensuit que lorsque l'homme voudra les connaître et les appliquer : ses qualités n'auront pas d'autres limites, que son intelligence et ses observations.

Enfin, en suivant les principes indiqués : les parents éprouveront le plaisir, de rendre leurs enfants plus heureux et meilleurs.

---

[1] Le progrès final de l'homme pourrait être comparé à une circonférence, dont les principes précédents seraient la quadrature.

TABLE DES MATIÈRES

Pages.
AVANT-PROPOS 3

PREMIÈRE PARTIE

Causes Instinctives et Intellectuelles

De la Raison authentique. 11
Des Défauts par omission. 16
Des Utilitaires 43
Divers Amours 44
De l'Épouse. 45
Ardeur et Apathie 59
De l'Action 73
Matérialisme. 116
Où se trouve le bonheur 124
Des Manières d'être 127

	Pages.
De l'Éducation	133
Du Signe.	156
De la Croyance	164
Des Idées.	169
Quelques Incompatibilités d'humeur...	197
L'Agriculture, école de morale pratique	201
De l'Être moral	205
De la Pensée.	211
Des Autres	213
De la Personnalité	221
Deux Conceptions de la vie	222
Des pires Souffrances morales	226
Formation de nos natures	230
Du Germe	231
Du Progrès matériel.	232
Une bonne Prière	233
Logique des idées. — Logique positive	235
Physique et Moral	258
De l'Homme et de l'Animal	305
De l'Avenir social	331
Doctrine morale et scientifique	331
Enseignement de cette doctrine...	336
De la Victoire	348
Quelques Jouissances intimes.	366

DEUXIÈME PARTIE

Du " Combat pour la Vie "

	Pages
Facultés primordiales	371
De l'Homme privé	372
De l'Homme public	373
De la Réussite.	374
Du Chef...	375

TROISIÈME PARTIE

Sélection de l'Homme

PRINCIPES GÉNÉRAUX DE LA SÉLECTION.	379
Vue d'ensemble	387
Des Tempéraments (Signes extérieurs)...	389

	Pages.
Fonctions des tempéraments..	391
Propriétés des tempéraments..	391
Corollaires	392
Conclusion	393
Connaître les propriétés de chaque tempérament..	395
Créer un tempérament par la sélection physique...	399
Créer un tempérament par la méthode élémentaire	400
Créer un tempérament par une méthode plus parfaite.	401
Atténuer les défauts instinctifs	401
Observation importante	402

(Connaître les caractères apportés par chaque sexe.)

Des Facultés intellectuelles et morales. ... 403

Conclusion	405
Propriétés des facultés intellectuelles.	406
Corollaires	406
Conclusions...	407

Facultés morales ... 408

Conclusions...	408
Connaître les signes extérieurs des facultés intellectuelles.	409
Ceux provenant du front..	409

	Pages.
Ceux provenant de l'ensemble du visage...	410
Ceux provenant des yeux.	411
Ceux provenant de la bouche et du nez	414
Création des facultés intellectuelles	416

Créer les signes extérieurs des facultés intellectuelles :

Par la sélection physique.	416
Méthode élémentaire.	417
Méthode plus parfaite.	418
Créer les signes des facultés morales...	419

Renseignements et Contrôle par les animaux. 419

Connaître les éléments apportés par chaque sexe. ...	421
Contrôle..	422
Élimination des défauts	424

Créer une race d'élite.	427
Moyens pratiques.	430

CONCLUSION GÉNÉRALE 431

Bordeaux. — Imprimerie Nouvelle F. Pech et Cie, 7, rue de la Merci.

ERRATUM

P. 340, lig. 11, lire : En effet : pour le vulgaire, l'importance *vaut* — au lieu de *importe*.

www.ingramcontent.com/pod-product-compliance
Lightning Source LLC
Chambersburg PA
CBHW070610230426
43670CB00010B/1471